11 | 수학 교사를 위한 지침서
대한수학교육학회 번역시리즈

Developing Essential
Understanding of Statistics
for Teaching Mathematics in Grades 9-12

통계의 필수 이해:
9–12학년

신보미 · 고은성 · 김은하 옮김

idea

NCTM | NATIONAL COUNCIL OF TEACHERS OF MATHEMATICS

KYOWOO

역자서문

수학을 왜 가르치고 배워야 하는가에 대한 답변은 시대의 변화에 따라 달라질 것이다. 세계는 지식기반정보화 사회, 즉 3차 산업혁명 시대를 넘어 기계와 제품의 지능화와 사물인터넷으로 요약할 수 있는 4차 산업혁명 시대에 접어들었다. 이러한 변화 속에서 수학교육은 어떤 모습이어야 하는가에 대한 고민이 필요하다.

이 책은 대한수학교육학회의 주관 하에 NCTM의 필수 이해 시리즈(Essential Understanding Series)를 번역한 것 중 한 권으로, 위의 문제에 대한 직접적인 답을 주지는 못하지만 우리나라의 수학교육을 반성하고 발전 방향을 모색하는데 시사점을 제공할 수 있을 것이다. 최근 세계적으로 수학 수업을 실행하는 주체이자 교수·학습 활동의 전문가인 교사의 역할을 더욱 강조하고 있다. 이에 따라 교사 전문성을 개발하기 위한 여러 방면의 연구가 진행 중이다. 필수 이해 시리즈는 수학 수업의 주체인 교사가 학생들을 지도할 때 참고할 수 있는 특정 수학 주제에 대한 자료이다.

이 책은 필수 이해 시리즈 중·고등학교 통계에 관한 것으로 학생들의 통계 개념에 대한 필수 이해를 다루고 있다. 고등학교에서 통계 학습은 확률적 추론을 토대로 통계적 추리(statistical inference)를 경험하도록 하는데 주요 목표가 있다. 학생들은 통계적 모델의 특징을 알고 분포를 통해 변이성을 설명할 수 있어야 한다. 또한 가설검정의 기본 아이디어를 이해할 필요가 있으며 자료를 수집하는 방법이 통계 연구에서 차지하는 역할을 인식하여야 한다. 마지막으로 모수에 대한 추정량을 평가하는 적절한 방법을 알고 이를 실행할 수 있어야 한다.

이 책은 통계에 대한 핵심 아이디어와 필수 이해를 다루기 위해 도입부에 이어 총 3개의 장으로 구성되어 있다. 1장은 통계에 관한 5가지 핵심 아이디어와 이에 따른 필수 이해를 설명한다. 각각의 내용은 통계를 가르치기 위해 교사가 생각해보아야 할 생각해보기 문제를 제시하여 통계에 대한 이해를 보완하고 강화시킬 수 있도록 하고 있다. 2장은 1장에서 설명하는 내용에 기초해 학생들이 고등학교 이전 학년이나 이후에 접하게 될 통계와 어떻게 연결되는지 이해할 수 있는 기회를 제공한다. 마지막으로 3장은 통계와 관련된 교수, 학습 및 평가에 대해 제시한다. 앞 장에서 제시한 내용에 중심을 두고 통계와 관련된 과제를 만들고 평가하는 노력은 학생들이 의미있는 통계 학습을 하도록 도울 것이다.

역자들은 이 책의 내용을 원문의 의미 그대로 전달하고자 노력하였다. 이 책에 담긴 필수 이해와 그에 따른 다양한 예시들을 통해 고등학생의 통계 지도를 충실히 할 수 있도록 교사들의 전문성 신장 노력에 도움이 되기를 기대한다. 또한 학교수학에서 다루어야 할 것이 무엇인가에 대한 여러분의 고민을 해결하는데 작은 도움이 되기를 희망한다. 이 책의 출판을 위해 노력해주신 교우사의 관계자 여러분께 깊은 감사의 뜻을 전하는 바이다.

역자 일동

- 차례 -

서문

유아-유치원(prekindergarten)부터 12학년까지의 수학을 가르치기 위해서는 수학에 대한 특별한 이해가 필요하다. 유능한 수학교사들은 설명법을 찾고, 수학 안과 밖의 주제들 간의 내용을 접목시키면서 자신들이 가르쳐야 하는 내용 자체뿐만 아니라 그 이상을 생각한다. 가르치는 주제에 대해 어떤 수학이 중요한지 아는 교사들을 만났을 때, 학생들은 교육과정에서 추구하는 목표를 더 잘 성취할 수 있게 된다.

미국수학교사협의회(NCTM)가 출간한 「*필수 이해 시리즈(Essential Understanding Series)*」는 2006년에 출판된 「*유아-유치원에서 8학년까지의 수학 교육과정에서 주목할 사항: 일관성을 위한 요구(Curriculum Focal Points for Prekindergarten through Grade 8 Mathematics: A Quest for Coherence)*」와 2009년에 발간한 「*고등학교 수학의 핵심 내용: 추론과 이해(Focus in High School Mathematics: Reasoning and Sense Making)*」의 정신에 따라 학교 수학 교육과정에 집중하였다. 「*필수 이해 시리즈*」는 학생들을 가르칠 때 도움이 될 수 있도록, 특정 수학 주제에 대하여 교사 자신의 지식을 넓히고 향상시키기 위해 수학적으로 사고하고자 하는 교사와 연구자들을 위한 자료이다. 각 책의 주제는 학생들은 배우기 어렵고, 교사는 가르치기 힘들며, 학습자로서 학생들의 성공과 미래의 삶, 진로에 매우 중요한 역할을 하는 수학 내용 영역을 다루고 있다.

저자들은 교사로서, 연구자로서, 그리고 수학자로서 얻은 자신들의 경험에 비추어 각 책의 주제에 중심이 되는 핵심 아이디어를 설명한다. 주제의 본질을 포착하는 수학적 관점인 필수 이해가 모여서 각각의 핵심 아이디어를 구성한다. 종합하면 핵심 아이디어와 필수 이해를 통해 교사는 유용하면서도 중요하며 서로 연결되어 있는 수학적인 안목을 개발할 수 있다. 학생들의 사전 학습 주제와 사후 학습 내용, 수업과 평가의 실행

등을 생각해 볼 때, 수학에 대한 교사의 필수 이해는 무엇보다 중요하다.

이 시리즈의 출판에 도움을 준 모든 분에게 이사회를 대신하여 진심으로 감사를 드린다. 특히 시리즈의 편집자로서 리더십을 발휘한 로즈 마리 즈벡(Rose Mary Zbiek)에게 감사의 뜻을 전한다. 필수 이해 프로젝트 팀 모두는 이 시리즈의 책을 접하는 여러분을 환영하며, 여러분이 앞으로도 수학을 배우고 가르치는 일을 오랫동안 즐길 수 있기를 희망한다.

헨리 케프너(Henry Kepner)
회장, 2008-2010
미국수학교사협의회

머리말

통계는 다른 수리 과학과 구별되는 고유한 특징을 갖지만, 학교 수학의 한 영역으로 다루어 진다. 이 책의 서론에서는 이러한 전통을 반영하여 종종 학교 수학의 관점에서 *수학*을 언급한다. 통계와 수학의 주요한 차이는 다음 장에서 다룰 것이며, 이 책의 주제인 통계에 대한 풍부한 이해를 통해 교사들은 통계와 수학의 차이를 인식하게 됨으로써 자기 자신과 학생의 학습을 좀 더 잘 돕게 될 것이다.

유아-유치원부터 12학년까지, 수학과 교육과정은 학생들의 발달에 중심이 되는 중요한 주제들을 포함하고 있다. 이 주제들을 이해한 학생들은 새로운 수학 분야로 자연스럽게 넘어가며 자신감을 가지고 계속 발전해 가게 된다.

그러나 이 주제들 중 많은 부분은 전통적으로 배우거나 가르치기가 어려우며, 학생들의 발달을 돕는 지지대의 역할을 하기 보다는 장애물 역할을 하는 것으로 확인되었다. 이러한 주제에 대하여 기초를 탄탄히 다지지 못한 학생들은 수학이나 관련된 교과목에서 후속 학습을 할 때 대개 탄력을 받지 못하여 어려움을 겪는다.

*「필수 이해 시리즈」*는 모든 단계에서 이런 주제들을 분석하였다. 학생들에게 이런 주제들을 가르치는 교사들은 학생들이 수학적 성취를 이루는 데 중요한 역할을 한다. 이 시리즈의 각 책을 통해 여러분처럼 단지 유능함을 넘어서 교실에서 훌륭한 안내자가 되고자 하는 교사들은 학생들이 수학적으로 꾸준히 발달할 수 있도록 하는 다양한 주제들에 대하여 풍부한 이해를 개발할 수 있다.

얼마나 많이 알아야 하는가?

이러한 어려운 주제들을 효과적으로 가르치기 위해서는 폭넓고 깊은 수학적 이해에 관심을 가져야 한다. 그런데 어려운 점은 학생들이 알고 배워야 할 것이라고 기대하는 것 이상으로 교사는 그 주제들에 대해 더 많이 알아야 한다는 것이다.

그렇게 광범위한 지식이 왜 필요한 것인가? 학생들이 배울 필요가 있고 교사가 가르쳐야 하는 것 이상의 지식을 왜 알아야 하는가? 이 질문에 대한 답은 다양한 측면에서 설명할 수 있다.

교사가 학생들에게 성공적인 학습 경험이 일어나도록 계획하기 위해서는 다양한 모델과 표현을 이해하여야 하며, 어떠한 경우에는 교육과정을 평가하고 수업을 계획하면서 여러 기술들을 익혀야 할 때도 있다. 교사는 과제를 선택하고 실행하면서 무엇을 강조해야하는지 알아야 하며 그것들이 수학적으로 왜 중요한지도 알아야 한다.

교사는 수업을 하면서 학생들이 당혹해 할 것을 예상해야 하고, 학생들이 그러한 함정을 피해갈 수 있도록 도와주어야 하며, 학생의 오개념을 인지하고 바로 잡아야 한다. 또한 예측하지 못한 수업 상황에서 다양한 수학 주제를 연결시켜야 한다. 만약 학생들이 수업에서 다룬 내용을 잘 이해하지 못하고 있다는 것을 평가를 통해 알았다면, 학생들이 이해하지 못한 부분을 어떻게 다시 설명할 것인지도 알아야 한다. 한 번에 알아듣지 못하는 학생들을 위해 다양한 방식으로 수학을 묘사할 수 있는 여러 가지 방안에 대해 충분히 이해해야 한다.

또한, 전체 수학 교육과정에 비추어 그 주제가 어디에 연계되는지 알아야 한다. 교사는 학생들의 생각이 어디로부터 유래하는지를 알아야 하며 추후 학습에서는 학생들이 수학적으로 어디를 향해 나아가게 될지도 알아야 한다.

수학적으로 정교한 방식으로 이러한 과업을 수행해야 한다는 것은 무리한 요구로 들릴 수 있다. 수학에 대한 풍부한 이해를 통해 교사는 학생들이 순조롭게 학습할 수 있도록 안내하는 이상과 같은 어려운 작업을 적절하게 수행할 수 있다.

「필수 이해 시리즈」가 어떤 도움이 되는가?

*「필수 이해 시리즈」*는 여러분이 지도하는 내용에 대한 지식을 강화시키도록 수학에 대하여 철저히 점검할 수 있는 기회를 제공한다. 이 시리즈의 책은 학생들에게 사용할 수 있는 자료를 직접적으로 제공하지도 않을 뿐더러, 학급 관리나 가르치는 방식, 또는 평가 기법 등을 다루지도 않는다. 그 대신 이 시리즈의 책은 수학적 내용에 관한 주제들, 즉 수업을 준비할 때 필요한 아이디어와 이해, 수업 지도, 학생들과의 일대일 상호작용, 그리고 평가에 대해 집중적으로 다룬다.

저자들이 주제에 어떻게 접근하고 있는가?

저자들은 각 주제에 대해 "핵심 아이디어(big ideas)"와 "필수 이해(essential understandings)"를 구분하고 있다. 핵심 아이디어는 하나의 수학적 주제에 중심이 되는 주요 개념에 대한 수학적 진술로, 이는 여러 가지 수학적 아이디어를 일관된 전체로 연결해 준다. 이 책에서는 각각의 핵심 아이디어와 관련된 비교적 작고 구체적인 아이디어들을 *필수 이해*라고 부른다. 필수 이해는 핵심 아이디어의 특징적인 측면을 정확히 담아내고 이에 대한 풍부한 증거를 제공한다.

이 책에서는 핵심 아이디어와 필수 이해를 아이콘으로 나타낸다. 다음 아이콘은 각각 핵심 아이디어와 필수 이해를 나타낸다.
, 

핵심 아이디어는 수학에 있어 매우 큰 가치를 가지고 있다. 서로 관련된 필수 이해를 꾸준히 연구함으로써 이를 압축한 진술의 가치를 느낄 수 있을 것이다. 여러 개의 세부 개념을 완벽하게 이해하고 이를 통해 핵심 아이디어에 접근하는 것은 여러분의 지적 자산과 수업의 가능성을 상당히 증대시켜 줄 것이다.

교사로서의 역할을 염두에 두고 수학적 아이디어를 연구함으로써 여러분은 학생들에게 어려운 주제를 지도하기 위해서는 이러한 필수 이해가 여러분이 알아야할 핵심 요소임을 인식하게 될 것이다. 필수 이해라는 수학적 세부 요소들이 모여 핵심 아이디어를 구성하기 때문에 이를 제대로 파악하는 것이 매우 중요하다.

이 시리즈의 책은 어떻게 구성되어 있는가?

「*필수 이해 시리즈*」의 모든 책은 다음과 같이 비슷한 구조를 갖는다.

- 서론에서는 개요와 특정 주제를 선정한 이유에 대해 설명하며, 교사와 학생들이 알아야 하는 것에 있어 몇 가지 차이점을 강조한다.
- 1장은 이 책에서 매우 중요한 부분으로, 핵심 아이디어 및 관련되는 필수 이해를 구분하여 검토한다.
- 2장에서는 1장에서 다룬 여러 개념을 각 학년에서 나오는 수학적 개념 및 학생들이 사전 학습이나 사후 학습을 통해 마주하게 되는 다른 수학적 개념과 관련하여 살펴본다.
- 3장에서는 앞서 논의한 주제와 관련된 필수 개념을 이해하는데 학생들이 겪게 되는 어려움에 대해 알아본다. 이를 위해 학생들의 사고 발달을 분석하고 이해도를 평가하여 학생들을 적절하게 안내하는데 필요한 지침을 제공한다.

1장에서 핵심 아이디어와 필수 이해에 대해 논의하는 가운데 "생각해보기"라고 분류된 질문을 군데군데 배치하였다. 읽으면서 잠시 멈춰 이에 대해 스스로 생각해 보거나 동료들과 논의해보는 것이 중요하다. 주어진 자료에 이와 같은 방식으로 접근하는 것은 이 책을 읽는 경험을 참여적이고 상호적이며 역동적이 되도록 할 것이다.

생각해보기 질문은 같은 지역 교사들이나 온라인상에서 만날 수 있는 교사들, 나아가 전국에 있는 교사들과 대화의 소재로 활용될 수 있다. 즉, 교사들이나 예비교사들이 개별적으로나 그룹으로 대학 수업을 받을 때나 이후 공식적·비공식적인 전문성 개발 활동을 진행할 때 생각해보기 질문을 도구로 사용함으로써 이 책의 활용도를 좀 더 확장할 수 있다.

새로운 관점

*「필수 이해 시리즈」*는 교사에게 폭넓고 깊은 수학적 이해를 제공함으로써 학생들이 다양한 방법으로 도움을 받을 수 있도록 하려는 의도를 갖는다. 다루고 있는 주제와 교육과정을 통해 학생이 사전에 학습한 내용 및 사후에 학습하게 될 내용 사이의 연결을 추구함으로써 이 책에서는 학교 수학의 수직적 연계성에 대한 깊은 통찰력을 제공한다.

이 시리즈는 *「학교수학을 위한 원리와 규준(Principles and Standards for School Mathematics)」* (NCTM 2000), *「유아-유치원에서 8학년까지의 수학 교육과정에서 주목할 사항: 추론과 이해(Curriculum Focal Points for Prekindergarten through Grade 8 Mathematics: Reasoning and Sense Making)」* (NCTM 2009), *「내비게이션(Navigations) 시리즈」* (NCTM 2001-2009)를 토대로 한다. 이 시리즈의 책은 교사의 내용-기반 전문성을 개발하는데 중요한 역할을 할 것이다.

다른 출판물을 이 시리즈의 책과 함께 활용함으로써 내용에 살을 붙이고 질을 높일 수 있다. 예를 들어, 이 책을 읽은 다음 학생들이 필수 이해 시리즈에서 논의된 주제들에 대한 통찰력을 기를 수 있도록 실제로 진행할 수 있는 규준 기반 활동을 내비게이션 시리즈에서 찾아 볼 수 있다. 만약 유아-유치원에서 8학년까지를 지도하고 있다면, *「교육과정에서의 핵심사항(Curriculum Focal Points)」*에서 다룬 3가지 핵심 요소와 관련된 자료를 수업에서 직접 다루어봄으로써 이 시리즈의 책에 대한 여러분의 이해를 좀 더 깊게 할 수 있을 것이다. 만약 여러분이 9학년에서 12학년 학생을 지도하고 있다면, *「고등학교 수학의 핵심 내용(Focus in High School Mathematics)」*에 제시된 자료를 수업에 활용하여 학생들이 추론과 이해를 개발하는 활동을 진행하도록 함으로써 이 시리즈의 책에 대한 여러분의 이해를 풍부하게 할 수 있다.

질 높은 이해는 새로운 관점을 제공하며 가르치는 데 있어 새로운 에너지를 불어 넣는다. 우리는 여러분이 이 책을 읽으면서 습득한 이해를 통해 학생들의 수학적 성공을 보장하는 아이디어를 여러분의 학생들이 완벽하게 이해할 수 있도록 도울 수 있기를 희망한다.

저자들은 이 책의 내용과 형식에 대해 의미있는 조언을 아끼지 않은 검토자들에게 감사의 마음을 전한다. 핸리 크랜독(Henry Kranendonk), 수잔 피터스(Susan A. Peters), 토니 스미스(Toni Smith), 마이크 샤우네시(Mike Shaughnessy)는 자신들의 소중한 시간과 전문가적 소양을 활용하여 엄정하지만 이해할 수 있는 논의를 유지할 수 있는 도전적인 과제를 제공함으로써 저자들의 집필 활동에 커다란 도움을 주었다. 여러 전문가들의 도움에 힘입어 이 책의 저자들은 상당히 많은 자료를 몇 개의 핵심 아이디어로 조직할 수 있었으며 고등학교 교사들을 돕는 중요한 논의를 덧붙일 수 있었다.

서론

이 책은 통계에 대한 아이디어에 초점을 맞추고 있다. 교사는 9~12학년에서 수학을 효과적으로 가르치기 위해 이러한 아이디어를 충분히 이해하고 유연하게 사용할 수 있어야 한다. 이 책은 고등학교 교육과정에서 주로 다루는 여러 가지 통계 아이디어에 대해 논의한다. 이 책은 교사들이 자신의 학생들이 학습할 통계를 깊이 있게 탐구하고 그 이상으로 확장하도록 스스로에게 동기를 부여하는 다양한 통계 경험을 가지고 있다고 가정한다.

이 책은 교사가 이러한 아이디어를 다룰 수 있도록 설계되었으므로, 통계 개념의 복잡성을 반영하여 수업을 계획하고 실행하며 학생들의 학습을 평가하는데 필요한 이해를 교사가 개발하도록 도와줄 것이다. 통계 개념을 깊고 풍부하게 이해하는 것은 학생들이 통계의 경험 전반에 걸쳐 접하였고 앞으로도 지속적으로 접하게 될 통계에 이러한 아이디어가 어떻게 스며있는지를 보여줌으로써, 그 영향력과 범위에 대해 학생들과 의사소통할 수 있도록 해 준다.

이러한 연구로부터 교사가 얻게 되는 통계에 관한 이해는 *「학교수학을 위한 원리와 규준」*(NCTM, 2000)에 제시된 비전을 뒷받침한다. "모든 학생이 높은 수준의 흥미로운 수학 수업에 참여하는 교실, 학교 또는 학군을 상상하자(p. 3)." 이 비전의 성취는 "전문가로 끊임없이 성장하고 있고(p. 3)," 통계를 이해하며 학습하도록 도울 수 있는 의미 있는 경험에 학생을 일상적으로 참여시키는 교사에게 달려있다.

왜 통계인가

NCTM의 *「필수 이해 시리즈」*에 속한 모든 책에 제시된 주제와 마찬가지로, 통계적 절차와 개념은 학생의 학습에 상당히 중요하지만 교사가 가르치기에는 도전적인 학교 수학의 주제이다. 9~12학년 학생들은 해당 학년과 그 이후에 이루어지는 통계 학습을 성공적으로 해내기 위해 통계 개념을 잘 이해할 필요가 있다. 학생들은 종종 통계 아이디어를 이해하는데 어려움을 겪는다. 예를 들어, 학생들은 모집단에 비추어 크기가 아주 작은 표본에서 어떤 결론을 도출할 수 있다는 것에 대해 의구심을 갖는다. 9~12학년 학생들에게 통계를 지도하는 교사들은 좋은 표집 방법의 특징과 편향 및 정밀도(precision)의 개념을 이해하고 이를 바탕으로 학생들이 통계적 추리에서 표본의 사용을 중요하게 생각하도록 도울 수 있어야 한다.

9~12학년 학생들에게 수학을 가르치는 교사들은 학교, 학군 및 해당 주의 교육과정에서 학생들이 통계 개념과 관련하여 학습하기를 기대하는 내용을 정확하게 이해하고 있어야 한다. 또한 교사는 이러한 통계가 실제 수업에서, 현재 학년과 앞으로의 학년에서 학생들이 배울 다른 통계 아이디어 및 수학 아이디어와 어떻게 연결되는지 알아야 한다. 통계 개념에 대한 풍부한 이해는 수업에서 과제 선정하기, 질문하기, 수업자료 선택하기, 시간에 따라 주제와 아이디어 순서 짓기, 학생 활동의 질 평가하기, 학생의 사고를 자극하고 도울 수 있는 방법 고안하기와 같이 교사가 해야 하는 많은 일에서 교사의 의사결정을 안내한다.

통계 개념 이해하기

학교에서 통계를 가르치는 이유는 사람들이 학교, 직장, 삶에서 성공하고 만족할 수 있는 방식으로 통계를 이해하기를 바라기 때문이다. 교사는 학생들이 통계 개념에 대해 탄탄하고 지속적인 이해를 개발할 수 있도록 돕기 위해 통계를 깊이 있게 이해해야 한다. 그렇다면 통계를 깊이 있게 이해한다는 것은 무엇을 의미하는가?

통계를 이해한다는 것은 자료 분석에 필요한 특정 절차를 알고 관련된 용어에 능통한 것으로 생각하기 쉽다. 예를 들어,

교사들은 표준편차를 계산하고 표준오차를 구하며 신뢰구간을 구할 수 있을 것이다. 단순 무작위 표집과 층화 무작위 표집 같은 다양한 표집 전략을 알고 있으며, *무작위 할당, 신뢰구간, 정밀도*와 같은 용어도 알고 있을 것이다.

물론 용어와 절차가 통계에 대해 알고 있을 것이라 기대하는 전부는 아니다. 예를 들어, 의심할 여지없이 교사들은 학생들과 함께하는 활동에서 일반적인 통계적 절차를 알아야할 뿐만 아니라 학생들이 고안하는 전략을 따라갈 수 있어야 한다. *무작위 할당*과 *무작위 표집*, *표본분포*와 *표집분포* 같은 용어 사이의 미묘한 차이도 알아야 한다.

9~12학년의 모든 수학교사들이 통계에 대해 알고 가르쳐야 하는 통계 아이디어에 대해 긴 목록을 만드는 것은 어렵지 않다. 교육과정 개발자들은 종종 그러한 목록을 개발하여 제시한다. 그러나 개별 항목들이 중요할 수 있어도 이러한 목록들은 주제에 대한 풍부한 이해의 본질을 담아내지 못한다. 통계를 깊이 있게 이해하기 위해서는 중요한 통계 아이디어를 아는 것뿐만 아니라 이러한 아이디어들이 어떻게 서로 연결되는지 인식해야 한다. 교사의 이해는 새로운 아이디어를 수용하고 익숙한 아이디어를 새롭게 연결하는 경험과 기회를 통해 계속 성장해 나간다.

뿐만 아니라, 통계에 대한 교사의 이해는 학생에게 지도해야 할 내용을 뛰어넘어야 한다. 교사가 알아야 하는 것과 학생들이 학습하기를 기대하는 것 사이의 차이점 중 일부는 쉽게 설명할 수 있다. 예를 들어, 교사는 익숙한 수학적 표기법을 사용하여 통계적 모델을 표현하고 적합도를 수량화하는 방법을 알고 있을 뿐만 아니라 이러한 아이디어가 다중회귀모델과 같은 보다 복잡한 통계적 모델의 근간을 이루는 방법을 알아야 한다.

교사가 알아야 하는 이해와 학생들이 학습하기를 기대하는 이해 사이의 또 다른 차이점은 교실에서 겪는 경험을 통해 어느 정도 알게 된다. 예를 들어, 학생의 예상치 못한 질문이나 주장의 가치를 깨달을 때 통계를 이해하는 것에 대해 얼마나 많은 고마움을 느꼈는가? 또한 지식이 부족하여 그러한 기회를 놓치거나 충분히 장점을 활용하지 못하고 실패했을지 모른다는 것에 대해 얼마나 많이 걱정했는가?

대부분의 교사가 이미 알고 있듯이, 통계적 문제해결 과정을 알고 실행할 수 있는 것만으로는 수업을 진행하는데 충분하지 않다. 교사도 새로운 주장을 밝혀내고 정당화하거나 반박할 수 있어야 한다. 이러한 주장과 정당화를 하기 위해서는 학생의 수학적인 경험과 현행 교육과정 상의 기대 수준을 능가하는 아이디어나 기법이 필요할 수도 있다. 예를 들어, 교사는 대수와 기하에서 학생들이 경험하는 것보다 더 복잡한 수학적 모델을 알아야 하며, 이 모델들이 구조와 변이성 모두를 설명하는 통계적 모델과 어떻게 다른지 설명할 수 있어야 한다.

핵심 아이디어와 필수 이해

통계에 대한 이해를 풍부하게 해 주는 많은 특정 아이디어에 대하여 생각하는 것은 부담스러운 과제일 수 있다. 그러한 통계 아이디어 전부와 그 사이의 연결성을 설명하기 위해서는 여러 권의 책이 필요할 것이다. 저자들은 이 책에 어떤 아이디어를 포함시킬지 결정하기 위해 핵심적인 질문들이 무엇인지 생각하였다. 효과적인 수업을 위해 9~12학년을 가르치는 수학 교사들이 통계에 대해 *필수적으로* 알아야 하는 것은 무엇인가? 이 질문에 답하기 위해 저자들은 교육과정 문서와 수학 교수-학습에 관한 연구뿐만 아니라 개인적 경험, 수학, 수학교육, 통계, 통계교육 분야 동료들의 전문 지식, 검토위원 및 전문성 개발자의 의견 등 다양한 자원들을 활용하였다.

그 결과, 이 책의 내용은 통계에 대해 고등학교 교사들이 필수적으로 알아야 하는 내용에 초점을 맞추게 되었다. 특히 1장은 이러한 주요 영역과 관련된 다섯 가지 핵심 아이디어를 중심으로 정리되어 있다. 각각의 핵심 아이디어는 이 책에서 *필수 이해*라 부르는 더 작고, 보다 구체적인 아이디어에 의해 뒷받침된다.

교수, 학습, 평가를 위한 이점

통계에 대해 이해하는 것은 교사가 *「학교수학을 위한 원리와 규준」*에 명시된 교수 원리를 실행하는데 도움이 된다. 이 원리는 수업을 위한 상위 규준을 결정한다.

> 수학을 효과적으로 가르치려면 학생들이 무엇을 알고 있으며 어떤 것을 학습할 필요가 있는지에 대해 이해하여야 하며 학생들이 수학을 잘 학습할 수 있도록 격려하고 지원해야 한다(NCTM, 2000, p.16).

다른 주요 주제를 가르치는 것과 같이, 통계에 대해 가르치기 위해서는 "대부분의 교사들이 예비교사를 위한 수학 강좌에서 경험하는 것 이상의(p.17)" 지식을 필요로 한다.

1장은 이러한 관점에서 통계에 대한 개요를 제공한다. 이것은 이 주제에 관해 교사가 지금까지 접해왔을 여러 가지 논의보다 더욱 집중적이고 포괄적이다. 1장은 교사의 이해를 보완하고 강화하기 위한 목적으로 통계와 관련된 핵심 아이디어와 필수 이해를 열거하고 설명하며 그에 대한 예를 제공한다. 따라서 1장의 목적은 교사가 학생들로 하여금 통계를 탄탄하게 학습하도록 하는데 필요한 지원과 도전을 제공하면서 교수 원리를 충분히 실행할 수 있도록 준비시키는 것이다.

이러한 방식으로 교사의 이해를 통합하는 것은 *「원리와 규준」*에 드러난 학습 원리를 실행하도록 교사를 준비시키기도 한다.

> 학생들은 경험과 이전의 지식을 바탕으로 새로운 지식을 능동적으로 구성함으로써 수학을 이해하면서 학습해

야 한다(NCTM, 2000, p.20).

학생들이 이런 방식으로 개념을 배우도록 돕는 교사의 노력을 지원하기 위해, 2장은 1장에서 제시하는 이해를 기반으로 핵심 아이디어와 필수 이해가 학생들이 전형적으로 이전 또는 이후의 학교수학에서 만나는 수학과 어떻게 연결되는지 그 방법을 구체적으로 논의한다. 2장은 학생들이 통계를 학습할 때 장기적인 연결성을 강조함으로써 학습 원리를 뒷받침한다. 예를 들어, 통계 경험이 확장되면서 학생들은 점점 변이성에 대해 이해하게 될 것이다. 학생들은 일변량에서 변이성을 이해하는 것부터 이변량 모델에서 변이성을 고려하는 것까지 나아가게 될 것이다. 학생들은 일변량 자료 집합의 평균을 통해 변화하는 자료에 대해 이해하고, 이를 바탕으로 직선이나 곡선에 대한 변화하는 자료의 아이디어를 이해할 수 있다. 일반적으로 변이성을 이해하면 학생들은 좀 더 복잡한 통계적 모델로 이동하며 다중 변수가 포함된 변이성을 탐색할 수 있게 된다.

1장과 2장에서 제시하는 이해는 교수의 또 다른 주요 영역을 강화시킬 수 있다. 3장에서는 이러한 영역을 다루는데 1장과 2장을 기반으로 하며 통계에 대한 학생들의 이해를 평가하기 위하여 적절한 과제, 기술, 도구를 선정하고 개발할 때 통계에 대한 이해가 어떻게 도움이 되는지 보여준다. 학생들의 과거 및 미래의 관련 경험을 이해함으로써 강화된 교사의 통계의 핵심 아이디어와 필수 이해에 대한 이해는 교사가 교실에서 이루어지는 평가가 기초적인 통계 개념의 학습을 지원한다는 것을 확신하는데 도움이 될 수 있다.

이러한 평가는 *「원리와 규준」*에 제시된 평가 원리의 첫 번째 조건을 만족시킨다.

> 평가는 중요한 수학 학습을 지원해야 하며 교사와 학생 모두에게 유용한 정보를 제공해야 한다(NCTM, 2000, p.22).

또한 교사가 통계를 이해함으로써 학생들이 생각하고 있는 것과 이해하는 것에 대해 구체적인 정보를 제공하는 평가 과제를 개발할 수 있고, 이는 평가 원리의 두 번째 조건을 만족시키는데 도움이 될 수 있다. 예를 들어, 교실 토론이나 시험을 위한 문제를 개발할 때, 학생들이 계산 능력 이상의 것을 보여줄 것을 요구하는 문제를 개발할 수 있다. 실생활의 맥락을 포함하고 학생들에게 수치적 결과에 대한 해석을 요구하거나 개념적 이해가 필요한 설명을 요구하는 상황과 질문을 사용할 수 있다.

시작할 준비하기

서론은 1장에서 다루게 될 통계에 관한 핵심 아이디어와 필수 이해를 교사가 받아들일 수 있도록 그 배경을 제시하였다. 각 장을 순서대로 읽는 것을 권장한다. 1장은 생각해보기에 대해 충분히 생각해 보는 시간을 가지면서 한 번 이상 읽어보기를 바란다. 공학도구 사용을 권장하는 항목에서는 시간을 할애하여 그래픽 계산기나 다른 공학도구를 활용해 보기 바란다. 통계와 관련된 핵심 아이디어와 필수 이해를 숙지하고 이러한 아이디어 사이의 연결성을 살피기 위해 노력하기를 권한다. 1장에서 다룬 새롭고 정교화된 이해를 토대로 2장에서는 이러한 아이디어가 학생들이 학교에서 이전에 접했거나 이후에 접하게 될 통계에 어떻게 연결되는지 안내한다. 그 다음 3장에서는 교수, 학습 및 평가에 관한 내용을 소개한다.

각 장을 순서대로 읽지 않으려면 1장과 2장의 통계 아이디어를 읽기 전에 3장을 먼저 살펴볼 수도 있다. 교수, 학습 및 평가의 어려움을 염두에 두고, 그에 대해 가능한 접근 방법을 모색함으로써 1장과 2장의 자료에 대해 별도의 견해를 가질 수도 있다. 이 책을 어떻게 읽던지 간에 통계에 대한 이해와 적용, 즐거움을 확장할 수 있기를 바란다.

두 개의 부록이 본문을 보충한다. 첫 번째 부록은 일반적인 통계 용어집으로, 독자가 본문을 읽을 때 빠르게 찾아볼 수 있도록 간단한 설명을 제공하였다. 용어집에 포함된 용어들은 본문에서 굵은 글씨로 표시하였다. 두 번째 부록은 교사를 위한 짧은 자료 목록으로, 이 책에 대한 독자의 경험을 확장하고 강화하며 풍부하게 할 수 있는 정보를 알려주기 위해 만들었다. 두 부록 모두 www.nctm.org/more4u.에서 볼 수 있다.

제1장

통계: 핵심 아이디어와 필수 이해

통계는 수년 동안 고등학교 수학과 교육과정의 일부로 지도되었다. *「교육과정과 평가 규준」*(NCTM, 1989)은 9~12학년을 위한 교육과정 규준 10에서 통계를 다루었다. *「학교수학을 위한 원리와 규준」*(NCTM, 2000)은 자료 분석과 확률 규준을 포함하여 고등학교 수학교육과정의 일부로 통계를 재확인하였다.

그러나 이러한 통계 규준이 광범위하게 이행되는 것은 어려웠고, 교육과정에 통계와 자료 분석을 포함시킨 많은 학교와 교육청은 임시방편으로 이들을 통합하여 운영하였다. 그 결과, 학생과 교사는 종종 통계를 기본적이고 통일된 이론이 없는 그래프 및 수치적 방법의 단순한 집합으로 보고 있다. 이러한 방식으로 통계를 배운 학생들은 그래프를 그리고 자료의 수치적 요약을 계산할 수 있을지라도, 중요한 통계 개념을 피상적으로 이해하여 오늘날 양적 세계에서 정보에 근거한 의사결정을 내릴 때 필수적인 통계적 추론 기술을 개발하지 못하는 경우가 있다.

그래프 및 수치적인 방법을 포함하는 문제해결 과정으로서 통계에 대한 추가 논의를 위해서는 「통계의 필수 이해: 6—8학년(Kader and Jacobbe, 2013)」을 참조하시오.

고등학교 수학교육과정에서 통계는 상당히 많이 변하고 있다. 수학과 공통 핵심 규준(Common Core State Standards for Mathematics, 2010)의 채택으로 통계는 고등학교 교육과정에서 중요한 위치를 차지하게 될 것이다. 수학과 공통 핵심 규준을 성공적으로 이행하려면, 고등학교 수학교육과정을 통해 바람직한 통계적 추론을 개발할 수 있도록 개념적 이해에 초점을 맞추어야 하며 이를 위해서는 기술 통계 방법의 기계적 측면과 계산적 측면을 뛰어 넘는 통계 내용이 포함되어야 한다.

굵은 글씨로 표시한 용어는 부록에 정의를 제시하였으며, www.nctm.org/more4u 에서도 확인할 수 있다.

이 책에서 제시하는 다섯 가지 핵심 아이디어는 **통계적 추리(statistical inference)**에서 확률적 추론의 사용을 설명하는 개념에 초점을 맞춘다. 우리는 다음과 같은 두 가지 이유 때문에 특정한 추리 방법들의 기계적 측면과 계산적 측면보다 개념에 초점을 맞추기로 결정하였다. 첫째, 이 책과 같이 간단하고 짧은 책에서는 기초 통계의 내용을 교과서 형식으로 제공하는 것이 불가능하다. 둘째, 우리는 많은 고등학교 수학교사들이 자료 분석의 기계적 측면과 계산적 측면에는 익숙하지만 통계적 추리에서 확률적 추론의 사용을 지원하는 통일된 구조를 제공하는 개념에는 덜 익숙할 것이라고 생각하였다. 우리는 이 책을 통해 대수 1, 기하, 대수 2를 가르친 경험이 있는 교사들이 수학과 공통 핵심 규준을 이행할 때 통계 구성 요소를 이러한 과정에 통합하면서 겪게 되는 어려움을 성공적으로 해결할 수 있기를 바란다.

01 핵심 아이디어와 필수 이해

이 책은 다섯 가지 핵심 아이디어에 초점을 맞추고 있다. 이하에서는 관련된 필수 이해를 모두 나열하기 전에 우선 다섯 가지 핵심 아이디어를 요약한 다음, 핵심 아이디어 각각에 대한 필수 이해에 대해서는 1장의 나머지 부분에서 상세히 기술한다.

핵심 아이디어 요약

수학적 모델과 관련된 개념은 현대 수학교육과정에 편재되어 있다. 핵심 아이디어 1은 수학적 모델과 통계적 모델의 차이를 다룬다. 예를 들어, 동전의 무게를 조사할 때 페니의 무게를 2.5g로 지정하는 수학적 모델을 만들 수 있다(이는 미국 조폐국이 주장하는 무게이다.). 그러나 개별 동전의 무게는 이 값과 약간씩 다르다. 통계적 모델은 2.5g이라는 중심에 변이성을 통합함으로써 수학적 모델을 확장한다.

수학적 모델은 또한 이변량 상황에서 변수 사이의 관계(예를 들어, 선형 관계)를 구체화하거나 설명하는데 활용할 수 있다. 통계적 모델은 무작위 변이에 대한 설명을 명시적으로 포함함으로써 그러한 수학적 모델을 구축한다. 이러한 변이성을 확인하고 수량화하기 위해 통계적 방법을 사용할 수 있다. 이를 통해 특정 모델이 구조 및 변이성 측면에서 자료를 기술하는데 얼마나 유용한지 평가할 수 있다.

변이성을 이해하는 것은 합리적인 방법으로 자료를 수집하고 기술하고 분석하고 결론을 도출하는데 필수적이다. 분포의 측면에서 자료에 대해 생각하고 (모집단의 값들, 표본의 값들 또는 가능한 다른 표본들의 **통계량(statistic)**의 값을 설명하기 위해) 분포를 사용하는 다양한 방법을 구별하는 것은 통계적 추리를 이해하는데 중요하다. 분포가 변이성을 설명한다는 아이디어는 핵심 아이디어 2의 기본 개념이다.

*가설검정*을 수행하는 것과 관련된 추론은 간단하고 직관적이지만, 그러한 검정을 수행하기 위한 형식적인 (그리고 종종 기계적인) 과정을 개발하는데 있어 이러한 간단한 논리를 간과하기 쉽다. 핵심 아이디어 3은 특정 결과가 우연히 발생했는지 여부를 결정하는 데 이러한 검정이 사용되는 방식에 초점을 맞춘다.

통계적 방법은 이용 가능하지만 대개 불완전한 정보를 사용하여 **모집단**에 대한 결론을 도출하거나 실험의 조건들이 반응에 미치는 영향에 대한 결론을 도출한다. 이러한 결론은 불완전한 정보를 기반으로 한 것이기 때문에, 오류가 생길 위험이 있으며 이러한 잠재적 한계를 파악하고 수량화할 필요가 있다. (**무작위 표집** 또는 **무작위 할당**과 같은) 자료수집 방법의 특성은 이러한 계산을 가능하게 한다. 또한 적합한 분석의 유형과 도출할 수 있는 결론은 자료의 유형 및 수집 방법에 따라 다르다. 핵심 아이디어 4는 자료수집 방법과 그 의미에 초점을 맞춘다.

모집단 전체의 특성을 정확하게 추정하기 위해 모집단으로부터 비교적 작은 표본을 추출하여 사용할 수 있다는 것을 이해하는 것은 표집과 추리를 이해하는데 중요하다. 표본의 크기는 추정값(estimates)이 만들어지거나 주장이 검증되는 *정밀도(precision)*에 영향을 준다. 표집 계획이 적절하게 설계되면 큰 표본은 작은 표본보다 항상 더 *정밀한(precise)* 결과를 생성한다. 표본의 크기가 추정값의 *정확도(accuracy)를* 결정하는 중요한 요소가 아니라는 사실은 더 큰 모집단은 더 큰 표본을 필요로 한다는 사람들의 직관에 반하는 것이다. 표집과 추리가 어떻게 관련되는지 이해하기 위해서는 표집 방법, 표본 크기, 그리고 이들 사이의 상호 작용을 이해해야 한다. 핵심 아이디어 5는 표집 방법, 정밀도, 그리고 추정량(estimator) 평가에서 발생할 수 있는 편향의 역할을 중점적으로 다룬다.

핵심 아이디어와 필수 이해 목록

이제 핵심 아이디어와 필수 이해가 제시되는데, 필수 이해는 이후에 자세히 설명되는 핵심 아이디어의 설명에 대한 예고편이다. 또한 책을 읽으면서 핵심 아이디어와 필수 이해를 다시 언급할 때 편의를 위해 여기에 목록을 제시한다. 지금 바로 읽어보기를 권한다. 그러나 지금 이 시점에서 완전히 이해해야 한다고 생각하지 않아도 된다. 우리는 차례대로 상세히 논의할 것이다.

핵심 아이디어 1. 자료는 구조와 변이성으로 이루어진다.

필수 이해 1a. 수학적 모델은 구조를 설명한다.

필수 이해 1b. 통계적 모델은 구조 주위의 변이성을 기술함으로써 수학적 모델을 확장한다.

필수 이해 1c. 통계적 모델은 자료를 얼마나 잘 설명하는지, 그리고 유용한지 여부에 의해 평가된다.

핵심 아이디어 2. 분포는 변이성을 설명한다.

필수 이해 2a. 모집단분포는 모집단을 구성하는 값들의 변이성을 설명한다.

필수 이해 2b. 모집단분포는 대개 알려져 있지 않지만 표본분포를 이용해 근사할 수 있다.

필수 이해 2c. 표본 통계량의 표집분포는 통계량의 값들이 표본마다 얼마나 다른지 설명한다.

필수 이해 2d 시뮬레이션을 사용하여 표집분포를 근사할 수 있다.

핵심 아이디어 3. 가설검정은 "어떤 사건이 우연히 일어난 것으로 볼 것인가?"라는 질문에 답한다.

필수 이해 3a. 가설검정은 귀무가설과 대립가설 중 하나를 선택하는 것이다.

필수 이해 3b. 대립가설은 관심 있는 통계적 질문에 의해 결정된다.

필수 이해 3c. 표본 자료가 귀무가설과 대립하는 설득력 있는 증거를 제공한다면 대립가설을 채택하여 귀무가설은 기각된다.

필수 이해 3d. p값은 놀라움에 대한 측도이다.

필수 이해 3e. 가설검정이 항상 올바른 결정을 이끄는 것은 아니다.

핵심 아이디어 4. 자료수집 방법이 중요하다.

필수 이해 4a. 설문 조사를 포함한 관찰연구는 모집단 또는 표본의 특성에 대한 정보를 제공하는 반면, 통제실험은 처치 효과에 대한 정보를 제공한다.

필수 이해 4b. 실험에서 무작위 할당은 처치 효과에 대한 인과 관계 결론을 이끌어 내고 이러한 결론과 관련된 불확실성을 수량화할 수 있게 해준다.

필수 이해 4c. 무작위 추출로 모집단을 대표하는 표본을 생성할 수 있기 때문에 이렇게 선택한 표본의 특징은 크기가 큰 모집단의 특징으로 일반화할 수 있으며 추정의 불확실성도 수량화할 수 있다.

필수 이해 4d. 무작위 추출과 무작위 할당은 서로 다르며, 자료로부터 도출할 수 있는 결론의 유형과 범위는 연구를 설계할 때 설정한 무작위 추출과 무작위 할당에 영향을 받는다.

핵심 아이디어 5. 추정량을 평가하기 위해서는 편향, 정밀도, 표집방법을 고려해야 한다.

필수 이해 5a. 추정량은 표집을 반복하여 평가한다.

필수 이해 5b. 일부 추정량은 편향되어 있다.

필수 이해 5c. 표준오차는 추정량의 정밀도를 나타낸다.

필수 이해 5d. 신뢰구간은 정밀도에 대한 정보를 알려주는 추정량이다.

필수 이해 5e. 추정량의 정밀도는 표집 방법과 표본 크기에 따라 달라진다.

필수 이해 5f. 표집 방법이 적절하다면 큰 표본이 작은 표본보다 항상 유용하다.

필수 이해 5g. 적절한 표집 방법으로 추출한 작은 표본은 부적절한 표집 방법으로 추출한 큰 표본보다 바람직한 결과를 도출한다.

필수 이해 5h. 추정값의 정확도를 판단하는데 모집단의 크기에 대한 표본의 크기는 중요한 요인이 아니다.

02 통계적 모델의 특성: 핵심 아이디어 1

핵심 아이디어 1. 자료는 구조와 변이성으로 이루어진다.

수학적 모델은 학생들이 수학과 실세계의 관계를 이해하고 수학에 대한 이해를 깊게 하면서 학생들에게 동기를 부여하기 때문에 수학 교육의 일부이다. 통계적 모델은 수학적 모델과 변이성에 대한 설명을 결합한 것으로 동일한 목적을 갖는다. 일변량 및 이변량 자료에 대한 통계적 모델은 모두 "자료 = 구조 + 변이성"의 형식을 취한다.

이러한 모델에는 연구 중인 자료의 경향에 대한 보다 철저한 설명을 제공하기 위해 변이성이 포함된다. 예를 들어, **일변량 자료**값은 **평균**과 같은 하나의 수에 다양한 변화를 가함으로써 모델링될 수 있다. 이때 평균은 일반적으로 μ로 나타낸다. 하나의 수는 *구조*를 제공한다고 말하며, 통계적 모델에는 구조와 함께 *변이성*이 포함된다. 각 자료값 (y)에 대한 통계적 모델은 $y=\mu+\epsilon$ 일 수 있다. 여기서 ϵ는 **평균으로부터의 편차**를 나타내므로 변이성을 의미한다. **이변량 자료**는 직선 또는 곡선으로 다양하게 모델링될 수 있다. 예를 들어, 이변량 자료값 (x, y)에 대한 통계적 모델은 $y=f(x)+\epsilon$ 일 수 있다. 여기서 $f(x)$는 구조를 설명하는 선형함수이고 ϵ은 함수 $f(x)$로부터의 편차를 나타낸다.

이변량 통계적 모델을 초기에 활용한 사례 중 하나는 1903년 칼 피어슨(Karl Pearson)이 다음과 같이 아버지의 신장과 아들의 신장의 관계를 묘사한 것이다(Freedman, Pisani, and Purves, 2007).

$$(\text{아들의 신장}) = 35 + 0.5 \times (\text{아버지의 신장}) + \epsilon$$

이 구조는 아버지의 신장에 0.5를 곱하고 35인치를 더하여 아들의 신장을 추정할 수 있는 선형 관계를 나타낸다. 그러나 각 아들의 신장은 이 "결정론적" 값과 다소 차이가 있을 수 있다. 즉 더 크거나 더 작을 수 있다. 이 모델은 각 아들의 신장 y_i가 이 선형 구조로부터 ϵ 만큼 다를 수 있음을 의미한다(i는 특정 개인을 나타낸다.).

통계적 모델은 다양한 방식으로 평가된다. 우리는 자료를 설명할 때 유용성과 효율성에 따라 모델을 평가하고 변이성을 수량화하여 분석을 수행한다. 구조에 대한 변이성이 비교적 적다면 구조에 대한 변이성이 더 큰 경우보다 모델이 항상은 아니지만, 일반적으로 유용하다고 간주한다. 또한 이변량 자료의 경우, 특정 방법을 사용하여 구조가 관계의 전체 패턴을 얼마나 잘 포착하는지 평가할 수 있다. 통계적 모델과 수학적 모델의 특성에 대한 세 가지 필수 이해가 핵심 아이디어 1을 뒷받침한다.

수학적 모델은 구조를 설명한다.

필수 이해 1a. 수학적 모델은 구조를 설명한다.

학생 43명의 신장으로 구성된 소규모 모집단이 있다. 학생의 신장은 인치로 측정하였다. [그림 1.1]에 있는 점그래프에서 모집단에 속하는 각 값은 하나의 점으로 표현되고, 가로축의 값에 따라 적절한 위치에 놓이게 된다.

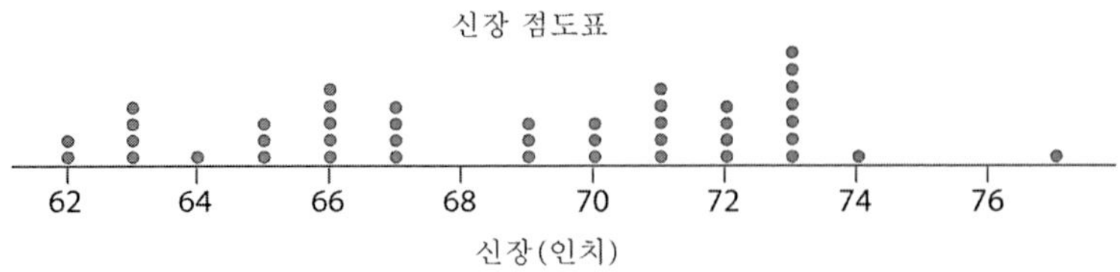

[그림 1.1] 통계 강좌를 수강하는 학생들의 신장에 대한 점그래프

이러한 자료의 중심으로 일반적으로 사용되는 측도(measure) 중 하나는 (산술)평균이다(이 경우는 평균 신장). 이 모집단의 평균 신장은 $\mu = 68.7$인치이다. 평균은 모집단의 구조적 측면, 즉 자료의 중심을 나타낸다. 일변량 자료의 경우 구조라는 용어는 전체 모집단의 중심 위치를 나타내는 하나의 수를 의미한다. 이 구조적 값은 전체 모집단에 대한 정보를 제공하지만 전체적인 상(picture)을 제공하지는 않는다. [생각해보기 1.1]에서는 구조가 단지 이러한 상의 일부라는 사실을 탐구한다.

생각해보기 1.1

10개의 자료로 이루어진, 동일한 평균을 갖지만 변이성이 서로 다른 세 모집단을 만드시오. 세 모집단의 점그래프는 어떤 점이 다릅니까? 또 어떤 점이 유사합니까?

수많은 모집단이 [생각해보기 1.1]의 조건을 충족시킬 수 있다. 평균이 5로 동일하다고 가정해 보자. [그림 1.2]는 그러한 가상의 세 모집단을 나타낸다.

모집단 1	5	5	5	5	5	5	5	5	5	5
모집단 2	0	0	0	0	0	10	10	10	10	10
모집단 3	3	4	4	5	5	5	5	6	6	7

[그림 1.2] 평균은 같지만 변이성이 서로 다른 세 모집단

이 세 모집단의 평균이 동일하더라도 모집단을 구성하는 값들은 상당히 다르다. [그림 1.3]의 점그래프는 모집단의 차이를

잘 보여준다. [생각해보기 1.2]는 명시적으로 변이성을 모델링하는 것의 필요성을 강조한다.

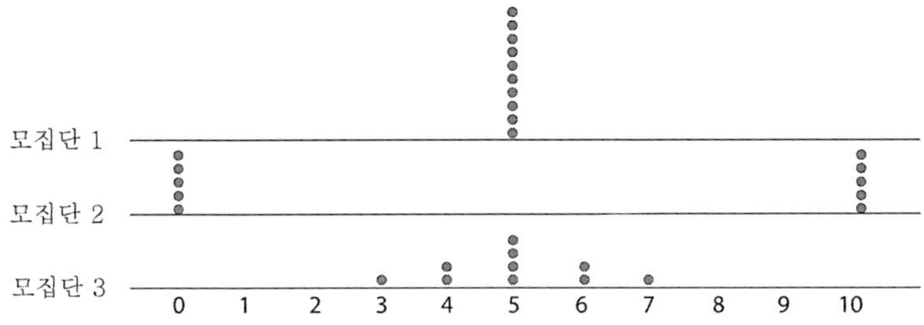

[그림 1.3] 그림 1.2의 모집단 점그래프

생각해보기 1.2

[그림 1.3]의 점그래프를 토대로, 어느 모집단의 변이성이 가장 크며 어느 모집단의 변이성이 가장 작은지 판단하시오. 어떻게 알았습니까?

평균은 이야기의 일부만을 말해 준다. 모집단 1은 변이성이 가장 작고 모집단 2는 변이성이 가장 크다는 것을 나타내기 위해 설명 또는 변이성의 수치적 측도가 필요하다. 학생 신장이라는 모집단에 대한 구조적 요소인 $\mu = 68.7$인치만 알면 신장의 변이성에 대해서는 아무것도 알 수 없다. 통계적 모델은 $y_i = 68.7 + \epsilon_i$로 신장을 모델링함으로써 변이성을 포함한다. 여기서 ϵ_i는 평균 신장으로부터 i번째 자료값의 편차를 나타낸다. 예를 들어, 모집단에서 가장 작은 신장이 62인치이면, 이에 대한 ϵ은 62-68.7 또는 -6.7인치이다. 모집단의 다른 신장이 평균보다 큰 73인치라고 가정하자. 이 경우, ϵ은 4.3인치이다. 평균으로부터 가까운 거리에 있는 값들은 편차의 절댓값이 작으며 평균으로부터 멀리 있는 값들은 편차의 절댓값이 크다.

이변량 모집단은 구조를 모델링하기 위해 $y = f(x)$ 형태의 함수를 필요로 하는데, 이것은 두 수치형 변수 사이의 전반적인 **경향** 또는 관계이다. 독립 변수(*예측 변수* 또는 *설명 변수*

라고도 함)와 종속 변수(*반응 변수*라고도 함)는 각각 x, y로 표시되지만 다른 기호를 사용할 수도 있다. 예를 들어, 다음과 같은 보일의 법칙은 일정한 온도(k는 비례상수)에서 유지되는 이상 기체의 압력(P)과 부피(V) 사이의 반비례 관계를 모델링한 것이다.

$$P = \frac{k}{V}$$

또 다른 예는 훅(Hooke)의 법칙이다. 이 법칙은 용수철의 늘어난 길이(x)와 거기에 매달린 물체의 무게(F)와의 비례관계를 $F = kx$로 모델링한다. 여기서 k는 용수철 상수라고 하는 비례상수이다. 이것은 고등학교 수학이나 물리 수업에서 접하는 전형적인 수학적 모델이다. 이 예에서 하나의 양, P 또는 F는 다른 양(여기서는 V 또는 x)에 의해 완벽하게 결정된다. 이 예들의 수학적 모델은 이론이 우리에게 말해주는, 즉 두 변수 사이에 존재하는 관계를 설명하는 핵심적인 역할을 한다. 그러나 이 모델은 학생들이 물리 실험실에서 자료를 수집할 때 볼 수 있는 변이성을 고려하지 않는다. 이러한 변이성은 측정 오차 또는 측정 장비나 측정을 수행하는 환경의 변화로 인해 발생한다.

x와 y 사이의 일반적인 구조적 관계 중 하나는 선형이며, 수학적 모델은 $f(x) = a + bx$ 형태를 취한다. 여기서 a와 b는 각각 y 절편과 기울기이다. 수학자들은 일반적으로 선형 방정식을 $f(x) = mx + b$ 형태로 쓴다. 이에 반해, 통계학자들은 선형 방정식을 쓸 때 $f(x) = a + bx$ 형태로 사용하는 경향이 있다. 곡선이 변수 사이의 관계를 더 정확하게 설명하면 비선형 함수를 사용하여 구조를 모델링하는 경우도 있다. 비선형 함수의 예로는 지수함수, 멱함수, 로그함수가 있다.

예를 들어, 사람의 신장과 팔 길이(arm span) 사이의 관계를 생각해 보자. 고대 로마의 건축가 마르쿠스 비트루비우스

(Marcus Vitruvius)는 사람의 신장과 팔 길이는 거의 동일하다고 가정했다. [생각해보기 1.3]은 비트루비우스가 추측한 관계의 수학적 함의를 탐구한다.

생각해보기 1.3

사람의 신장과 팔 길이가 거의 같다는 비트루비우스의 추측이 실제로 맞는다면, 그 관계의 구조적 부분을 모델링하는 선형 방정식은 무엇입니까?

신장과 팔 길이가 거의 같은 경우 그 관계의 구조 부분을 모델링하는 함수는 기울기가 1이고 y절편이 0인 선형 함수이다. 즉 선형 방정식 $y=0+1x$이다. 여기서 y는 신장을, x는 팔 길이를 나타낸다. 이 함수는 모든 자료값이 변이성이 없이 $y=x$ 위에 위치함을 나타낸다. 그러나 현실적으로 모든 사람의 신장과 팔 길이가 정확히 같은 것은 아니다. 결과적으로 직선 $y=x$에 대한 변이성이 존재하며, 일부 점들은 직선의 위쪽에, 일부 점들은 직선의 아래쪽에 놓인다. 또한, 점들 중 일부는 직선에서 비교적 멀리 떨어져 있을 수도 있고 일부 점들은 가까이에 있을 수도 있다. 여기에서, 우리는 "자료 = 구조 + 변이성" 방법을 적용할 수 있다. 직선은 구조적 요소를 제공하지만 실제 자료값들은 직선의 위쪽과 아래쪽에 다양하게 존재한다. 변이성은 모든 사람의 팔 길이와 신장이 같은 것은 아니기 때문에 그러한 모델이 대략적이라는 특성에 기인한 것일 수 있지만, 또한 변이성은 길이를 잴 때 생기는 측정 오류의 일부이기도 하다.

공변동 및 두 변수 사이의 관계에 대한 기본 아이디어의 논의는 「통계의 필수 이해: 6−8학년(Kader and Jacobbe, 2013)」을 참조하시오.

통계적 모델은 변이성을 포함한다.

필수 이해 1b. 통계적 모델은 구조 주위의 변이성을 기술함으로써 수학적 모델을 확장한다.

일변량 및 이변량 자료의 구조는 평균과 같은 위치의 측도 또는 두 변수 간의 관계를 설명하는 함수를 사용하여 수학적으로 모델링된다. 수학적 모델의 구조적 특성은 이야기의 일부만을 말해 준다는 점에서 다소 제한적이다. 통계적 모델은 변이성을 포함함으로써 수학적 모델을 확장한다. **표준편차**와 같은 변이성에 대한 통계적 측도는 자료값이 모델의 구조 부분에서 평균적으로 벗어나는 정도를 나타낸다. 일변량 자료의 경우, 변이성은 대개 평균과의 편차로 측정된다. 이변량 자료의 경우 변이성은 일반적으로 직선 또는 곡선으로부터의 편차의 평균으로 측정된다. 변이성은 대다수 학생들이 어려워하는 개념이다(delMas and Liu, 2005). [생각해보기 1.4]는 이 어려운 개념을 도입하는데 도움이 된다.

생각해보기 1.4

일변량 자료의 경우, 평균으로부터 전형적 편차를 나타내는 수학적 측도는 무엇입니까?

[그림 1.2]의 세 모집단은 평균이 같지만 변이성의 정도가 서로 다르다는 것을 상기하자. 모집단 1에서는 모든 값이 동일하며 각 값은 평균 5와 같다. 이 경우 평균으로부터의 편차는 존재하지 않는다. 그러나 모집단 2와 3에서는 자료값들이 평균과 다르다. 우리는 이러한 변이성을 어떻게 측정할 수 있을까? 변이성의 측도로 주로 사용되는 것은 **모집단의 표준편차**이다. 우리는 이것을 σ로 표기한다. 표준편차는 평균으로부터의 거리를 나타내는 측도이다. 변이성을 측정할 수 있는 다른 방법

이 있지만, 이것이 가장 보편적으로 사용되는 방법 중 하나이다. [그림 1.2]에 제시된 모집단 1의 표준편차는 0이고 모집단 2의 표준편차는 5이며 모집단 3의 표준편차는 1.10이다. 가장 큰 표준편차를 가진 모집단은 대체로 평균으로부터 가장 멀리 있는 값들을 갖는다.

이제 학생의 신장에 대한 자료를 좀 더 상세히 분석할 수 있다([그림 1.1] 참조). 학생 43명의 평균 신장은 $\mu = 68.7$인치이다. 표준편차가 $\sigma = 3.84$인치라는 것도 알고 있다고 가정하자. [그림 1.4]의 점그래프는 신장의 분포를 보여준다.

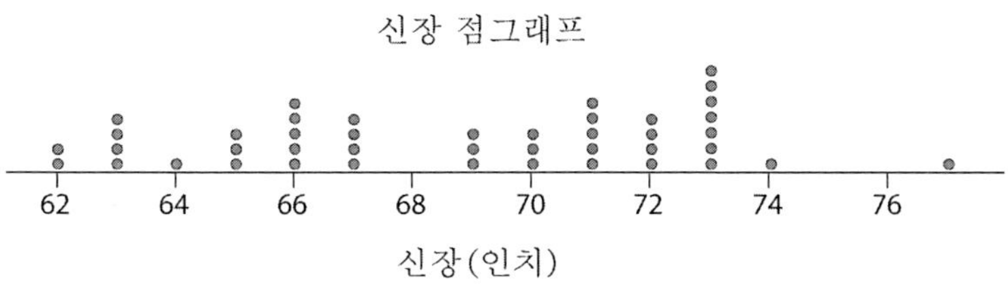

[그림 1.4] 통계 강좌를 수강하는 학생들의 신장에 대한 점그래프

비트루비우스가 가정한 팔 길이와 신장 사이의 관계를 다시 살펴보자. 두 변수 사이의 관계가 정확하게 선형이라면, 즉 각 사람에 대해 팔 길이와 신장이 정확히 동일하다면 산점도의 점들은 직선 $y = x$ 위에 놓일 것이다. 실제로 점들은 직선 주위에 흩어져 있다. [그림 1.5]의 그래프는 40명의 학생들로 구성된 모집단으로부터 수집된 팔 길이와 신장 자료(단위: 센티미터)를 보여준다. 점들은 선형 추세를 따르고 직선 주위에 흩어져 있다.

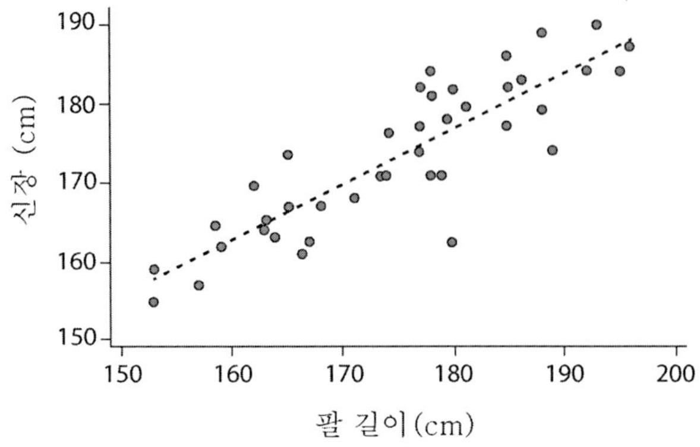

[그림 1.5] 신장과 팔 길이 산점도

흩어짐의 정도가 점과 직선 사이의 수직 편차의 표준편차로 수량화된다. 대부분의 통계학개론 교재는 자료에 직선을 맞추는 개념을 설명한다. 보다 상세한 정보를 얻기 위해 그러한 책 중 하나를 참조하기를 바란다.

좋은 모델은 구조에 대한 유용한 설명을 제공한다.

> 필수 이해 1c. 통계적 모델은 자료를 얼마나 잘 설명하는지, 그리고 유용한지 여부에 의해 평가된다.

수학적 모델이 물리적 현상을 묘사하기 위해 사용될 때, 이는 근본적으로 근삿값에 지나지 않는다. 이들은 일반적으로 간소화를 추구하는데, 이것은 이해하기 쉽고, 설명하고 사용하기 쉬운 모델을 생산한다는 장점이 있다. 예를 들어, 수학과 물리 수업에서 종종 진자의 주기와 길이의 관계를 탐구한다. 이 관계는 진자의 주기가 진자 길이의 제곱근에 정비례함을 나타낸다. 이론적 관계는 다음과 같다(T는 주기, g는 중력 가속도로 약 $9.8\text{m}/s^2$ 또는 $32\text{ft}/s^2$, L은 진자의 길이)

$$T = 2\pi \sqrt{\frac{L}{g}}$$

이러한 이론적 관계는 진자의 주기와 길이 사이의 관계에 대한 구조를 모델링한다. 그러나 이 모델에는 질량이 없으며 길이가 고정된 선으로 연결된 진자를 가정한 것으로 현실적이지 않은 상황임에 주목하는 것이 중요하다. 또한 이 모델은 진자가 움직이는 각의 범위가 약 10~15도를 넘지 않는 경우에만 적용된다. 진자의 주기와 길이 사이의 관계를 조사하기 위해 학생들이 실제로 점이 아닌 진자와 늘어날 수 있는 노끈을 사용하여 자료를 수집할 때 이 수학적 모델의 곡선 주위로 자료들이 흩어져 놓이게 됨을 관찰할 것이다. 이러한 흩어짐에는 다른 이유가 있을 수 있다. [생각해보기 1.5]에서 그 가능성을 탐색한다.

생각해보기 1.5

이론적 모델을 도출하는데 필요한 비현실적인 가정 이외에, 이론이 예측하는 것과 다른 결과를 초래하는데 영향을 미치는 요인에는 어떠한 것이 있습니까?

이론이 예측하는 것과 다른 결과들이 나타나는 이유는 공기 중에서 진자의 부력, 진자가 공기 중에서 흔들릴 때의 공기 저항, 그리고 진자의 길이와 주기를 측정할 때의 부정확성 때문일 수 있다. 현실의 근삿값인 통계적 모델은 수학적 모델을 확장하고 구조 주변에 변이성을 포함한다. 진자에 대한 통계적 모델은 다음과 같다.

$$T = 2\pi \sqrt{\frac{L}{g}} + \epsilon$$

이 모델은 또한 현실에 가깝다. 그렇다면 모델이 좋은지 어떻게 평가해야 하는가? [생각해보기 1.6]은 이 질문에 대해 탐구한다.

생각해보기 1.6

통계적 모델을 평가할 때 고려해야 할 사항은 무엇입니까?

통계적 모델을 평가할 때 두 가지 요소를 고려해야 한다. 첫 번째는 모델의 구조 부분이 자료를 얼마나 잘 설명하는가이다. 예를 들어, 직선을 사용하여 곡선 패턴을 따르는 자료를 모델링할 수 있지만 곡선을 사용하면 구조에 대해 훨씬 더 잘 설명할 수 있다. 두 번째는 모델이 얼마나 유용한지를 보여주는 것이다. 모델의 구조 부분이 자료에 대한 합리적 설명을 제공하더라도 모델 주위에는 여전히 변이성이 있어 모델이 유용하지 않을 수 있다. 예를 들어, [그림 1.6]을 살펴보면, 진자의 주기와 길이에 대한 이변량 자료가 산점도로 표시되고 그 자료를 모델링하는 직선이 놓여 있다. [생각해보기 1.7]은 적절한 구조를 제공하는 모델을 선택하는 것이 필요함을 보여준다.

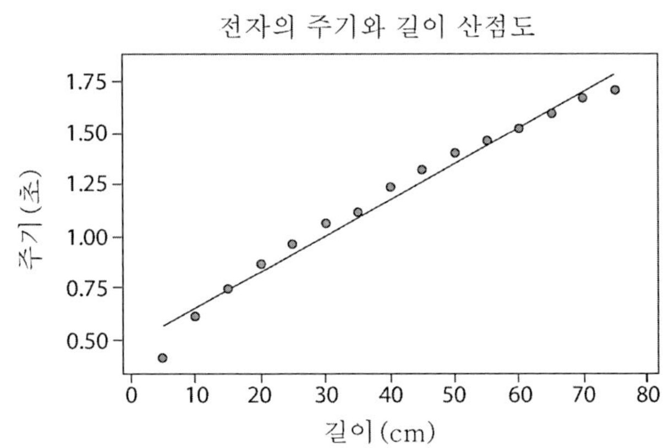

[그림 1.6] 직선이 그려진 진자 자료 산점도

생각해보기 1.7

[그림 1.6]은 진자의 주기와 길이 사이의 관계를 모델링하기 위해 직선을 사용하는 것을 보여준다. 왜 이 직선이 이 자료에 적합한 모델이 아닙니까?

언뜻 보기에는 이것이 분명하지 않지만, 이 직선은 구조에 대한 적절한 모델이 아니라는 점에 유의해야 한다. 이 직선은 진자의 길이가 길어지면 진자의 주기가 더 길어지는 경향을 보여주지만, 실제로 점을 주의 깊게 검사하면 점의 패턴에 약간의 만곡이 있다. 이 직선은 길이가 작은 경우에는 주기를 과대평가하고, 길이가 중간인 경우에는 주기를 과소평가하며, 길이가 긴 경우 주기를 다시 과대평가한다. 이러한 모델로부터의 체계적 이탈은 이 직선이 자료의 구조를 정확하게 포착하지 못한다는 것을 의미한다. 통계적 모델의 변이성 요소는 구조로부터의 체계적 편차를 기술하는 것이 아니라, 체계적 패턴을 포착하는 모델의 구조적 요소이다. 통계적 모델의 변이성 요소는 구조에서 비체계적(무작위) 편차만을 설명한다.

자료가 체계적 방식으로 수학적 모델에서 벗어나지 않는다고 가정하면, 좋은 모델은 이상적으로 구조와 관련하여 작은 변이성을 갖는다. 작은 변이성은 미래의 관측에 대한 예측을 향상시키는 능력으로 변환된다. 예를 들어, [그림 1.7]은 캘리포니아 고등학교의 "학업수행지표(Academic Performance Index; API)"라는 것을 예측하는데 잠재적으로 유용한 두 가지 모델을 보여준다(http://www.cde.ca.gov/ta/ac/ap/apidatafiles.asp). 첫 번째 모델은 학교의 API와 부모가 대학을 졸업한 학생의 비율을 설명한다. 두 번째 모델은 학교의 API와 부모의 평균 교육 수준 간의 관계를 설명한다. (캘리포니아 교육부는 수년간의 교육 기간을 1년에서 5년으로 재조정하고 그 결과값을 "교육 수준"이라고 칭하였다.) [생각해보기 1.8]은 학생의 한 가지 특성에 근거하여 학교의 API 점수를 예측해야 한다면 어떤 모델이 더 유용한지 탐구한다.

생각해보기 1.8

[그림 1.7]은 캘리포니아 고등학교의 "학업수행지표(API)" 점수에 대한 두 모델을 보여준다. 두 가지 모두 자료의 구조를 설명할 때 좋은 모델이다. 학생들의 한 가지 특성, 즉 대학을 졸업한 부모의 비율이나 부모의 평균 교육 수준에 근거하여 학교의 API 점수를 예측하라는 요청을 받았을 때 어느 모델이 더 유용할 것이라고 생각합니까?

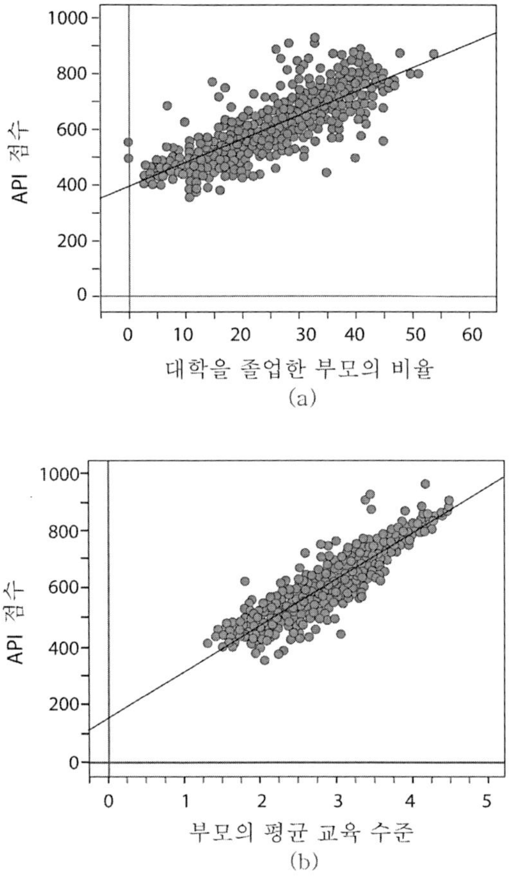

[그림 1.7] 모델 (a)는 학교의 API 점수가 395 + 8.5 × (대학을 졸업한 부모의 비율)에 근사함을 나타낸다. 모델 (b)는 학교의 API 점수가 160 + 169 × (부모의 평균 교육 수준)에 근사함을 나타낸다.

점들이 직선 주위에 조밀하게 모여 있지 않다는 사실에서 알 수 있듯이, 대학을 졸업한 부모의 비율을 사용하는 모델의 경우 직선에 대한 변이성이 더 크다는 점에 유의해야 한다. 결과적으로 대학을 졸업한 부모의 비율에 근거하여 예측한 API 점수가 부모의 평균 교육 수준에 근거한 API 점수보다 정확도가 더 낮을 수 있다. 부모의 평균 교육 수준을 이용하는 모델이 학교의 API 점수를 예측하는데 더 유용하다.

다음 진술은 자주 인용되지만 여기에서 다시 살펴볼 만한 가치가 있다.

> 모든 모델에서 기대할 수 있는 가장 큰 이점은 현실에 대한 유용한 근사를 제공할 수 있다는 것이다. 모든 모델은 잘못되었다. 그러나 일부 모델은 유용하다. (Box, Hunter, and Hunter 2005, p.440)

통계적 모델과 수학적 모델은 근본적으로 현실을 단순화한 것이다. 통계적 모델의 구조적 요소는 일변량 자료를 설명하기 위해 중심에 관한 측도를 사용하거나 이변량 자료를 설명하기 위해 선형 함수를 사용하는 것과 같이 관계의 복잡성을 줄이는 것에 기반을 두는 경우가 많다. 자료가 다양하기 때문에 모델의 구조 부분 자체가 기술적으로 올바르지 않다. 모델은 변이성을 고려하면서 구조 부분을 사용하여 자료를 정확하고 정밀하게 설명할 때 유용하다. 이는 변이성이 큰 자료보다 변이성이 작은 자료에서 보다 성공적으로 수행될 수 있다.

03 변이성 설명하기: 핵심 아이디어 2

핵심 아이디어 2. 분포는 변이성을 설명한다.

우리는 복잡한 세상에 살고 있으며 종종 불확실성을 내포하는 질문에 답하거나 결정을 내려야한다. 불확실성은 대개 변이성에서 비롯된다. 통계에서는 분포를 사용하여 변이성을 설명하고 모델링한다. 품질 보증기간이 늘어난 노트북을 사야할까? 노트북을 수리할 필요가 없는 기간을 그래프로 나타내면 변이성이 드러난다. 품질 보증기간이 늘어난 노트북을 구매하여 얻을 수 있는 잠재적 이익에 대해 정보에 입각한 결정을 내리기 위해서는 변이성을 이해해야 한다. 대다수 학생들이 학교에서 휴대전화 사용을 금지하는 것에 찬성하는가? 학생들의 예와 아니오에 대한 응답 분포를 볼 수 있다면, 대다수 학생들의 선호도뿐만 아니라 의견일치 정도도 알 수 있다. [생각해보기 1.9]는 [그림 1.8]과 [그림 1.9]에 제시된 두 상표에서 하나의 전구를 선택할 때 기대수명에 대한 변이성이 어떠한 역할을 하는지 탐구한다.

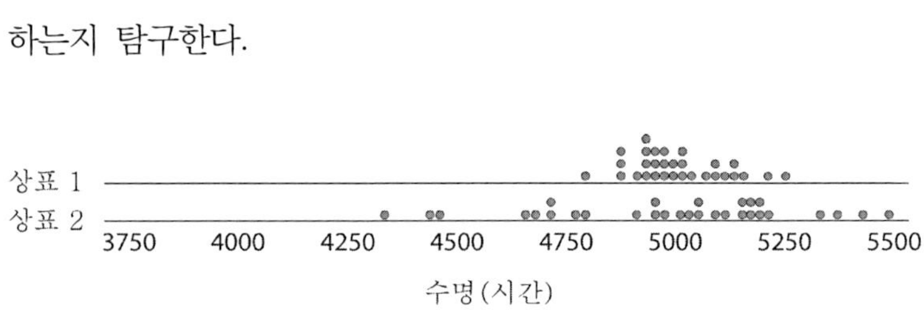

[그림 1.8] 두 상표에 대한 30개 전구의 수명 점그래프

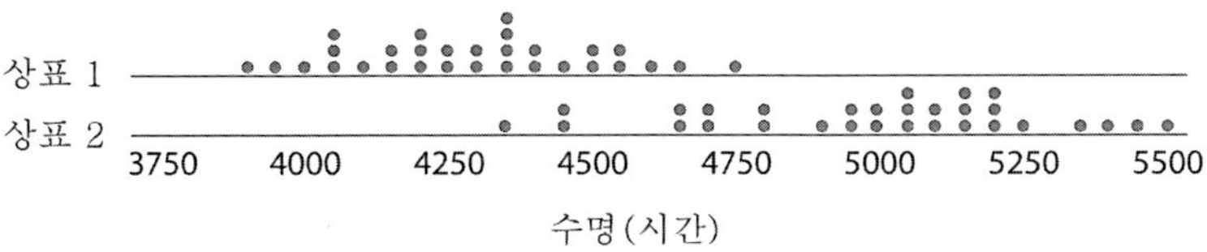

[그림 1.9] 30개 전구의 수명에 대한 또 다른 점그래프

생각해보기 1.9

학교에서 사용하기 위해 두 상표의 전구 중 하나를 선택해야 하는 상황을 가정해 보자. 두 상표 모두 평균 수명이 5000시간이라고 광고한다. 그러나 모든 전구의 수명 시간이 정확히 5000시간인 것은 아니다. 각 상표의 30개 전구를 검사하고 각 전구의 실제 수명(시간)을 기록하여 [그림 1.8]과 같이 점그래프를 만들었다.

a. 어떤 상표를 학교에서 구입할 것을 권장하겠습니까? 그렇게 결정한 근거는 무엇입니까?
b. 수명 점그래프가 [그림 1.9]와 같다면 권장하는 상표가 달라지겠습니까? 그렇다면 그 이유는 무엇입니까?

자료로부터 정보를 얻고 그 정보에 입각한 선택을 하기 위해서는 변이성을 이해하고 설명해야 한다. [생각해보기 1.9]에서 제기된 질문에 답하려면 각 상표의 전구에 대한 자료들을 하나의 전체로 고려해야한다. 즉, 전체 자료에 대해 추론하려면 각 자료를 개별적으로 조사하는 것 이상을 해야 한다. [그림 1.8]에서 자료는 거의 같은 위치에 집중되어 있어 두 상표의 일반적인 수명은 약 5000시간 정도로 볼 수 있다. 두 상표에서 가장 큰 차이점은 자료의 변이성이다. 상표 1의 전구 수명에 훨씬 더 일관성이 있다. [그림 1.9]에서 두 상표는 변이성 측면에서 유사하지만 상표 1의 전구는 상표 2의 전구보다 수명이 일반적으로 더 짧다.

분포가 변이성을 설명한다는 핵심 아이디어 2는 통계의 기본이지만 복잡하고 까다로운 문제이다. 연구자들은 개별 값에 대해 이야기하는 것에서 집합 전체의 특성(분포)을 고려하는 것으로 전환하는 것이 학생들의 통계적 추론 개발에 중요한 개념적 도약이라고 말한다(Ben-Zvi and Arcavi, 2001; Hancock, Kaput, and Goldsmith, 1992). 네 가지 필수 이해가 "분포에 대한 사고(distributional thinking)"를 뒷받침한다.

모집단에서 변이성

> 필수 이해 2a. 모집단분포는 모집단을 구성하는 값들의 변이성을 설명한다.

많은 통계 연구의 목표는 관심 있는 모집단에 대해 아는 것이다. 예를 들어, 학교의 학생들이 특정한 달에 보낸 문자 메시지의 수(**수치형 변수**)나 캠퍼스 내 학생 주차 공간을 없애는 것에 대한 학생들의 의견(**범주형 변수**)에 대해 알아볼 수 있다. 이 예에서 관심 있는 모집단은 학교의 모든 학생들이다. 이와 같이 모집단을 사람들의 집단으로 생각하는 것이 일반적이지만 자료값의 집합으로 볼 수도 있다. 예를 들어, 특정한 달에 보낸 문자 메시지의 수에 대해 알고 싶다면, 변수는 각 학생이 보낸 문자 메시지의 수이다.

$$x = \text{보낸 문자 메시지의 수}$$

그러면 우리는 모집단을 x 값들의 집합으로 생각할 수 있다.

$$317 \quad 0 \quad 1214 \quad 798 \quad 0 \quad 0 \quad \cdots$$

모집단 변수 값의 변이성에 대해 알아보려면 모집단분포를 고려해야 한다. 아마도 가장 쉬운 방법은 점그래프나 히스토그램과 같은 그래프 표현을 사용하는 것이다. 점그래프는 모집단이 너무 크지 않고 자료가 200개 미만인 모집단에 가장 유용하다. 대규모 모집단의 경우 히스토그램을 사용하는 것이 일반적이다. 히스토그램은 개별 자료값에 대한 세부 정보는 희석되지만 모집단분포에 대한 전반적인 상을 제공한다.

대수 2 강좌를 수강하는 50명의 학생들이 지난달에 보낸 문자 메시지의 수에 관심이 있다고 하자. 이 경우 모집단은 비교적 작으며 50명의 학생이 보낸 문자 메시지의 수인 50개의 값으로 구성된다. 이 값들이 다음과 같다고 가정해보자.

0	89	428	0	14	0	178	1021	1800	221	0
0	170	170	405	716	628	116	789	128	4	769
179	582	204	230	25	323	489	568	247	316	407
680	685	0	788	541	363	63	226	527	21	651
579	14	963	549	270	1867					

이 값들을 점그래프로 나타내면 [그림 1.10]과 같이 모집단분포가 어떤 형태인지 알 수 있다.

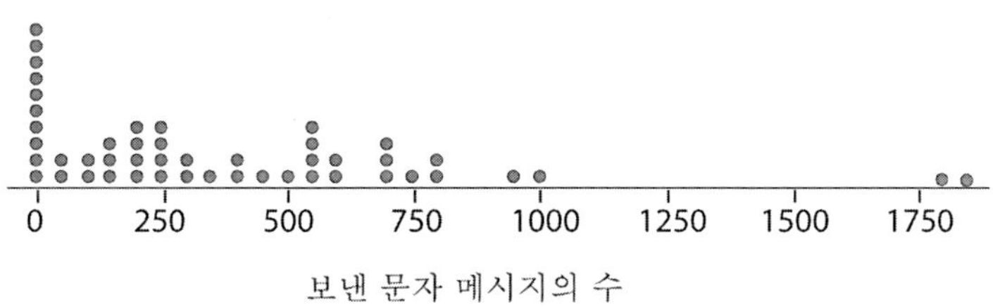

[그림 1.10] 학생 50명을 모집단으로 하였을 때 학생들이 보낸 문자 메시지 수에 대한 모집단분포

이 분포에서 알 수 있는 것은 무엇일까? 가장 먼저 눈에 띄는 것은 모집단을 구성하는 값들의 변이성이다. 이는 보낸 문자 메시지의 수에서 학생들 사이에서 나타나는 변이성에 해당된다. 또한 값들이 0에 집중되어 있는 것을 볼 수 있는데, 이는 상당수의 학생들이 문자 메시지를 보내지 않았음을 나타낸다. 또한, 이 모집단의 평균은 400이지만, 일부 학생들은 모집단의 학생 대부분과 비교하여 비정상적으로 많은 수의 문자

메시지를 보냈다. 모집단의 변이성을 살피는 방식으로 값들의 분포를 보게 되면 평균 400과 같이 하나의 요약 측도만 보는 것보다 훨씬 유익하다.

이제 관심 있는 모집단이 학교의 모든 학생이라고 가정하자. 각 학생에 대응하는 값을 알더라도 이 값들을 점그래프로 나타내는 것은 어려울 것이다. 점그래프는 적은 수의 자료를 나타낼 때 가장 적합하다. 많은 수의 자료는 히스토그램을 사용하여 모집단분포를 나타낼 수 있다. 예를 들어, [그림 1.11]은 "x = 학교의 학생들 2000명이 보낸 문자 메시지 수"인 2000개의 값을 히스토그램으로 나타낸 것이다. 히스토그램에서 2000개의 개별적인 값들을 볼 수는 없지만 이 모집단분포에서 많은 것을 알 수 있다. 우리는 여전히 값들이 0 근처에 집중되어 있음을 볼 수 있으며, 값이 큰 쪽에는 극단적인 값들이 있음을 알 수 있다.

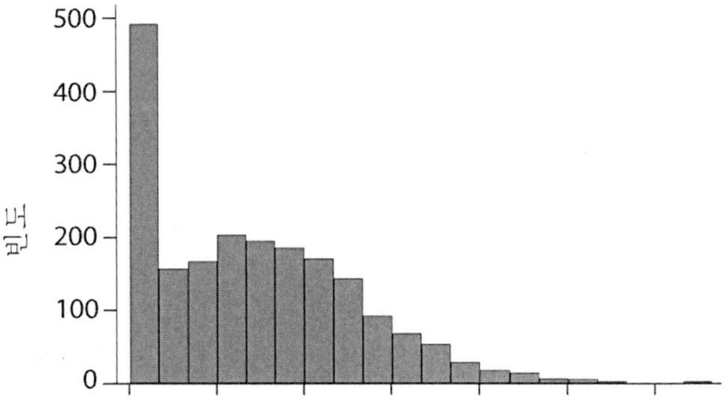

[그림 1.11] 학생 2000명을 모집단으로 하는 문자 메시지의 수에 대한 모집단분포

> 핵심 아이디어 1
> 자료는 구조와 변이성으로 이루어진다.

핵심 아이디어 1의 논의에서 우리는 자료를 "자료 = 구조 + 변이성"으로 모델링할 수 있음을 살펴보았다. 일변량 자료의 경우, 구조는 모집단의 평균이 될 수 있고, 변이성은 평균으로부터의 편차가 될 수 있다. 이러한 모델은 모양, 중심, 변이성과 같은 주요 특성의 측면에서 모집단분포를 설명할 때 유용하다. 모집단분포를 설명할 때 일반적으로 모집단분포에서 중심의 값 주변의 변이성을 (**정규분포** 또는 **지수분포**와 같은) 모델로 구체화한다.

예를 들어, 산부인과 학회의 Ultrasound(Lee et al., 2009) 저널에 게재된 논문의 저자는 미국에서 열 달을 다 채우고 태어난 모든 아기들의 체중 분포를 위한 모델로서 평균이 3500g, 표준편차가 600g인 정규 확률분포를 사용하였다. 정규분포는 종 모양이고 대칭이며, 평균을 중심으로 모여 있다. 표준편차는 분포가 평균 주위로 얼마나 퍼져 있는지를 나타낸다. 이 확률분포는 중심(3500g)과 중심 주변의 변이성을 모델링한다. 연구자들은 실제 모집단분포가 *정확히* 정규분포이기 때문이 아니라 모집단의 분포가 모델과 같은 평균과 표준편차를 가지며 모집단분포의 모양이 대략적으로 종모양이라고 볼 수 있는 적절한 근거가 있기 때문에 이 모델이 유용하다고 생각한다. [그림 1.11]에 제시된 문자 메시지 수에 대한 모집단분포의 모양이 대칭과는 거리가 멀기 때문에, 같은 평균과 표준편차를 갖더라도 정규분포는 이 모집단분포의 유용한 모델이 될 수 없음에 유의해야 한다.

모집단은 수치형 변수가 아닌 범주형 변수 값으로 구성될 수 있다. 예를 들어, 캠퍼스에서 휴대전화를 금지하는 것에 대한 학생들의 의견을 알고 싶다면 다음과 같은 변수를 고려할 수 있다. 여기에서 가능한 y의 값은 "금지를 찬성한다" 또는 "금지를 반대한다"이다.

$$y = \text{휴대전화 금지에 대한 의견}$$

관심 변수가 범주형일 때, 모집단분포는 보통 [그림 1.12]와 같은 막대그래프로 표현된다.

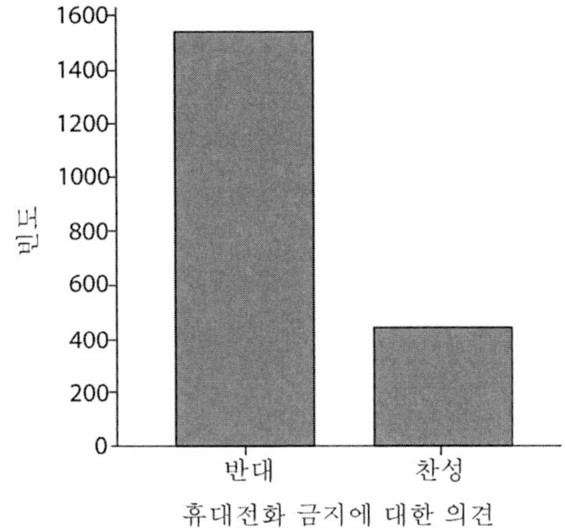

[그림 1.12] 2000명 학생을 모집단으로 하는 휴대전화 금지에 대한 의견의 모집단분포

모집단분포를 살펴봄으로써 변수에 대해 많은 것을 알 수 있지만, 일반적으로 정확한 모집단분포를 알 수 없는 경우가 대부분이다. 예를 들어, 2000명의 학생이 다니는 학교에서 학생들이 보낸 문자 메시지의 수 또는 휴대전화 금지에 대한 의견의 모집단분포를 구성하려면 모집단에 속하는 모든 개인에 대한 값을 알아야 한다. 불행히도 이런 경우는 매우 드물다. 그러나 모집단의 부분집합을 연구하여 모집단에 대해 알 수 있다.

모집단분포 근사하기

> 필수 이해 2b. 모집단분포는 대개 알려져 있지 않지만 표본분포를 이용해 근사할 수 있다.

모집단분포가 알려지지 않았고 모집단을 연구하는 것이 불가능한 경우 모집단의 부분집합에 집중하는 것이 일반적이다. 연구를 위해 선택된 모집단의 부분집합을 **표본**이라 한다. 모집단과 마찬가지로 표본을 자료값이 수집된 것으로 간주하고 그 분포를 조사할 수 있다.

예를 들어, [그림 1.11]에서와 같이 모집단분포를 구성하는데 사용된 2000명의 학생 중 무작위로 40명을 선택했다고 하고, “$x=$ 보낸 문자 메시지의 수”에 대한 40개 자료값이 다음과 같다고 가정하자.

671	827	0	264	0	29	0	297	560	538	59
149	1055	767	388	0	786	1054	300	1079	681	61
752	603	0	672	1067	0	472	135	874	355	42
1008	304	904	0	82	16	37				

[그림 1.13]은 40개의 자료를 점그래프로 나타낸 것으로, 표본의 분포를 보여준다. **표본분포**(*표본 자료 분포*라고도 함)는 표본을 구성하는 40개 값에서 나타나는 변이성을 설명하지만 모집단분포는 전체 모집단을 구성하는 2000개 자료의 변이성을 나타낸다. [생각해보기 1.10]은 모집단분포와 표본분포의 차이를 탐구한다.

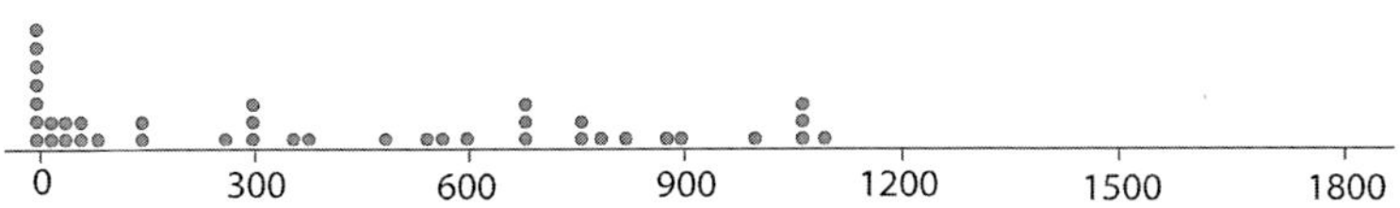

[그림 1.13] 크기가 40인 표본의 보낸 문자 메시지의 수에 대한 표본분포

생각해보기 1.10

[그림 1.13]의 표본분포와 [그림 1.11]의 모집단분포는 어떤 면에서 유사합니까? 어떤 면에서 차이가 있습니까?

표본의 선택은 매우 중요하고 복잡한 주제로 핵심 아이디어 4 와 5에서 깊이 있게 논의된다. 모집단에서 무작위로 표본을 선택하면 표본분포가 모집단분포와 유사할 것이라고 기대하는 것이 합리적이다(특히 표본의 크기가 큰 경우). 이 경우 표본분포를 사용하여 모집단 전체에 대한 결론을 도출할 수 있다.

핵심 아이디어 4
자료수집 방법이 중요하다.

핵심 아이디어 5
추정량을 평가하기 위해서는 편향, 정밀도, 표집 방법을 고려해야 한다.

예를 들어, [그림 1.13]의 표본분포와 [그림 1.11]의 모집단분포를 비교하면 표본분포와 모집단분포가 약간의 차이는 있지만 전반적으로 비슷하다는 것을 알 수 있다. 우리는 표본분포에서 값들이 0에 집중되어 있으며 표본을 구성하는 자료값의 변이성이 상당히 크다는 것을 알 수 있다. 표본평균은 422.2이며 전체 모집단의 실제 평균인 420.6에 상당히 가깝다.

표본분포를 모집단분포의 근사로 간주하고 모집단에 대한 결론을 이끌어 내기 위해 표본을 사용한 경우, 우리의 결론은 실제와 너무 많이 차이가 나지는 않을 것이다. 표본분포와 모집단분포 사이의 가장 두드러진 차이점은 모집단에서 비정상적으로 큰 값이 표본에는 포함되지 않았다는 것이다.

표본분포는 항상 모집단분포와 비슷한가? 보장할 수는 없지만, 모집단에서 무작위로 표본을 선택하고 표본 크기가 너무 작지 않은 한 표본분포가 모집단분포와 많이 다를 가능성은 극히 낮다. 다른 표본을 선택하면 또 다른 개별 값들이 선택되기 때문에 표본마다 표본분포가 다를 수 있는데 이는 우연에 의한 것이다. 그러나 표본의 크기가 너무 작지 않고 자료를 무작위로 선택하면 표본분포는 서로 유사하고 모집단분포와도 비슷한 경향이 있다.

[그림 1.14]는 모집단분포와 모집단에서 무작위로 선택된 크기가 40인의 여섯 개의 표본에 대한 표본분포를 통해 이와 같은 성질을 보여준다.(아주 작은 표본, 예를 들어 10개 이하의 자료로 구성된 표본의 경우 표본분포의 모양이 모집단분포에 대한 유용한 근사가 되지 않을 수도 있다.)

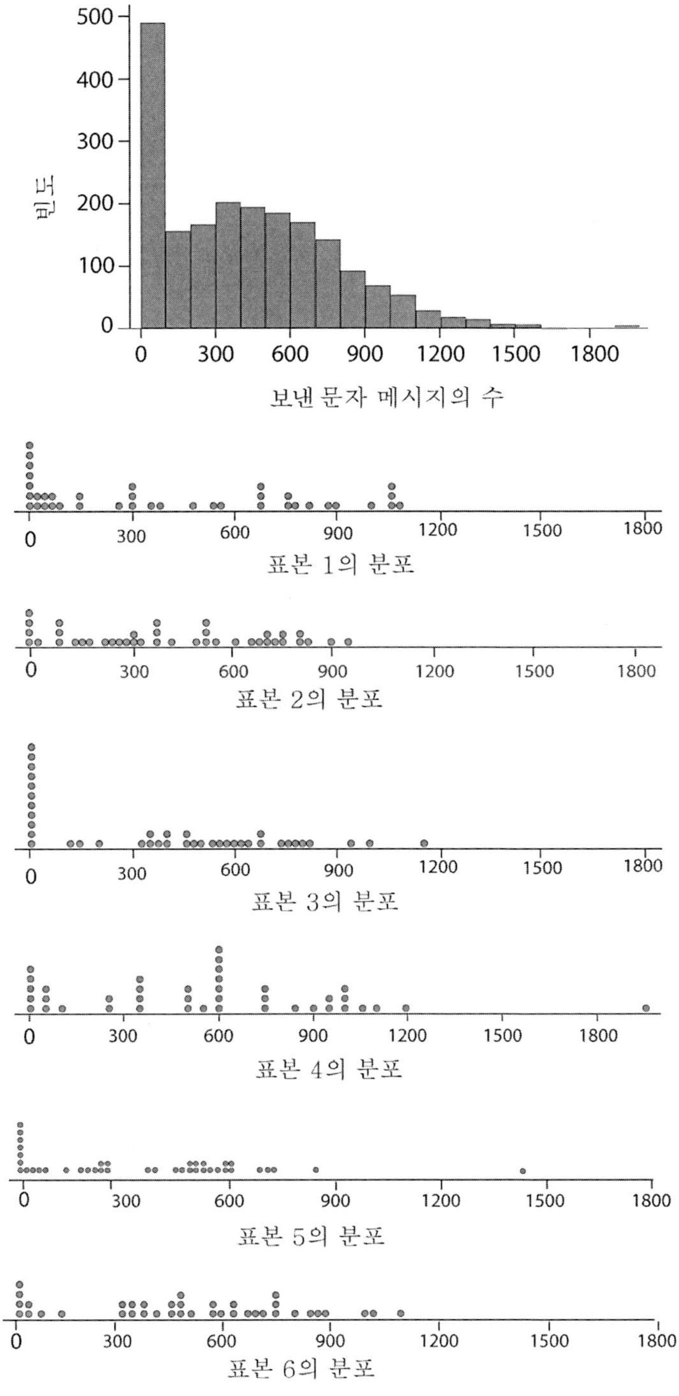

[그림 1.14] 모집단분포와 크기가 40인 여섯 개의 표본분포

표본 통계량의 변이성

> 필수 이해 2c. 표본 통계량의 표집분포는 통계량의 값들이 표본마다 얼마나 다른지 설명한다.

우리는 종종 특정 모집단의 특성에 대해 관심이 있다. 이러한 특성은 수치형 변수의 평균이거나(예: 특정 달에 보낸 평균 문자 메시지의 수) 또는 모집단에서 관심 있는 특성을 가진 개인의 비율(예: 휴대전화 사용 금지에 찬성하는 학생의 비율)일 수 있다. 모집단분포가 알려져 있으면 관심 있는 모집단 특성의 정확한 값을 계산할 수 있다. 예를 들어, 2000명의 학생으로 구성된 모집단의 경우 보낸 문자 메시지 수에 대한 모집단분포를 알면 모집단의 정확한 평균을 계산할 수 있다. 만약 우리가 모집단분포를 알지 못한다면 모집단으로부터 **무작위 표본**을 선택하고 표본분포를 사용하여 모집단분포를 근사할 수 있다. 표본의 평균을 계산할 수 있지만 이 표본평균은 모집단의 실제 평균과 정확하게 일치하지 않는다. 그러나 표본분포가 모집단분포의 합리적 근사라면 표본의 평균을 모집단 평균의 근사로 사용할 수 있다.

이것은 상황이 조금 더 복잡해지기 시작하는 지점이다. 표본평균은 모집단 평균의 실제 값과 다를 뿐만 아니라 서로 다른 표본은 서로 다른 표본평균을 갖는다. 동일한 모집단에서 표본을 무작위로 선택하는 경우에도 표본은 **무작위 추출** 과정의 결과처럼 서로 다를 수 있으므로 표본의 평균들도 다를 수 있다. 이와 같은 표본 간 변이성을 **표집 변이성**이라 한다.

모집단에 대한 결론을 도출하기 위해 표본 자료를 사용하는 것과 관련된 위험의 정도를 평가하려면 표집 변이성을 이해해야 한다. 특히, 서로 다른 표본으로부터 계산된 평균이 서로 얼마나 다른 경향이 있는지, 그리고 실제 모집단 평균과 얼마나 다른지를 이해해야 한다.

이를 이해하기 위해 [그림 1.14]에 제시된 2000명의 학생이 보낸 문자 메시지 수로 구성된 모집단에서 무작위로 추출한 크기가 40인 표본 여섯 개를 다시 살펴보자. 모집단 평균과 여섯 개의 표본평균은 다음과 같다.

모집단 평균	**420.6**
표본 1의 평균	422.2
표본 2의 평균	418.2
표본 3의 평균	411.7
표본 4의 평균	564.2
표본 5의 평균	367.2
표본 6의 평균	484.7

표본평균 중 두 개는 모집단 평균에 매우 가깝지만 하나는, 특히 564.2는 모집단 평균보다 상당히 크다. 표본평균에 존재하는 표본 간 변이성이 상당히 크며, 이는 표본평균을 사용하여 모집단 평균에 대한 결론을 도출할 때 고려해야 할 사항이다. 표본 크기는 표본 간 변이성에 어떠한 영향을 미치는가? [생각해보기 1.11]은 이 문제를 탐구한다.

생각해보기 1.11

학생들이 보낸 문자 메시지 수 2000개로 구성된 모집단에서 선택된 여섯 개의 표본에 대해 표본의 크기가 40이 아니라 10이었다면 표본 간 변이성이 더 클 것이라 생각합니까, 작을 것이라 생각합니까? 왜 그렇게 생각합니까?

표본 간 변이성의 크기는 표본의 크기와 관련이 있다. 예상할 수 있듯이, 작은 표본은 큰 표본보다 표본들 사이에, 그리고 모집단과 더 큰 차이가 날 것이다. 큰 표본의 분포가 모집단분포와 더 유사할 것으로 예상할 수 있다.

크기가 40인 표본에 대해 표본평균의 표본 간 경향에 대해 더 잘 이해하려면 여섯 개 이상의 표본을 보는 것이 좋다. [그림 1.15]의 점그래프는 모집단에서 무작위로 선택된, 크기가

40인 200개의 서로 다른 표본들의 평균을 나타낸 것이다.

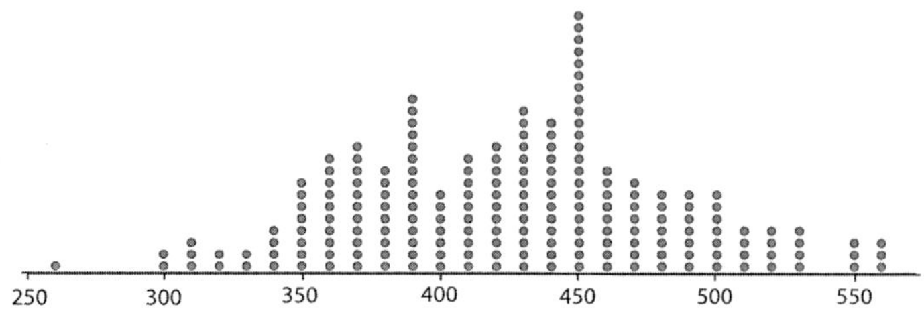

[그림 1.15] 200개의 표본평균에 대한 점그래프
(각 점은 크기가 40인 각 표본의 평균임)

[그림 1.15]의 점그래프를 주의 깊게 살펴보면 이 모집단에서 무작위로 선택한, 크기가 40인 표본에 대해 표본평균의 여러 가지 경향을 알 수 있다. 200개의 표본평균은 실제 모집단 평균 420.6을 중심으로 하는 경향이 있지만 상당한 양의 표본 간 변이성이 존재한다. 하나의 표본은 평균이 약 260이고, 몇몇 표본은 평균이 550보다 크다. 이것이 우리에게 말해 주듯이, 모집단에서 무작위로 크기가 40인 표본을 하나 선택하면 그 표본평균이 모평균의 실제 값에 매우 가깝다고 간주할 수 없다. 대부분의 표본평균은 실제 모집단 평균보다 100보다 크거나 작은 범위에 존재하지만, 이 추정값은 우리가 어떻게 사용하느냐에 따라 충분히 좋다고 할 수는 없다.

[그림 1.15]의 점그래프는 일종의 표집분포를 보여준다. 표집분포는 표본평균과 같은 표본 통계량에 대한 표본 간 변이성을 설명한다. [그림 1.15]의 점그래프가 모집단에서 무작위로 선택한 크기가 40인 표본들에 대한 실제 표집분포와 구별되는 것은 단지 200개의 표본평균으로 구성되어 있다는 것이다. 실제 표집분포는 크기가 40인 모든 가능한 무작위 표본의 평균들로 구성된다. 실제 표집분포를 찾는 것은 *엄청난* 작업이 될 것이다. 크기가 40인 표본은 9×10^{83}개보다 더 많다. 다행히도 이 표집분포를 근사하는 방법이 있다.

표집분포 근사하기

필수 이해 2d. 시뮬레이션을 사용하여 표집분포를 근사할 수 있다.

앞서 살펴본 예제에서 표본평균의 정확한 표집분포를 찾기 위해 가능한 모든 표본을 조사하고 싶지는 않겠지만, [그림 1.15]의 점그래프와 같이 200개의 무작위 표본으로부터 얻은 표본평균의 분포를 살펴봄으로써 표집분포가 어떠한 모양인지에 대한 좋은 아이디어를 얻을 수 있다. 가능한 모든 표본을 열거하기보다는 표집 과정을 시뮬레이션하여 점그래프를 구성하였다. 이러한 시뮬레이션에서 표집을 수행하기 위해 모집단에 대한 접근이 필요하다.

200개의 무작위 표본을 취하여 각 표본의 평균을 계산하면 표집분포를 구성하는 200개의 표본평균을 구할 수 있다. 200개의 표본을 무작위로 선택했기 때문에, 이들을 모든 가능한 무작위 표본들 중의 하나로 간주할 수 있다. 따라서 200개의 표본평균의 점그래프는 표본분포가 모집단분포의 근사를 제공하는 것과 동일한 방식으로 실제 표집분포의 근사를 제공한다. 더 많은 수의 무작위 표본을 사용함으로써 표집분포를 훨씬 더 잘 근사할 수 있다. 예를 들어, [그림 1.16]은 크기가 40인 1000개의 무작위 표본으로부터 얻은 표본평균으로 만들어진 히스토그램이다.

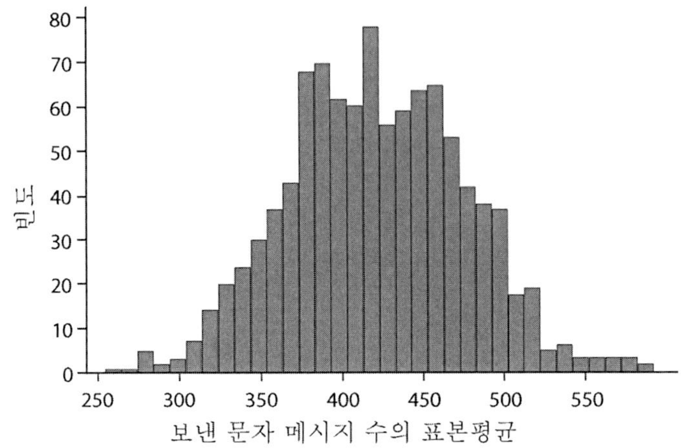

[그림 1.16] 그림 1.11의 모집단에서 추출된 크기가 40인 표본에 대한 표본평균의 근사표집분포

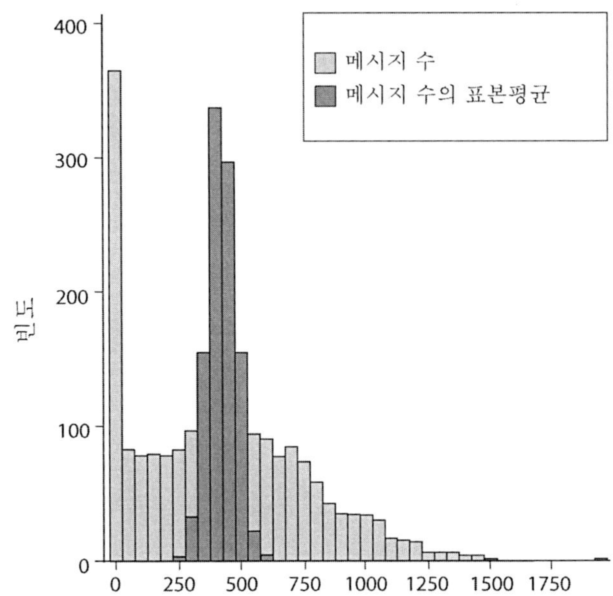

[그림 1.17] 보낸 문자 메시지 수의 모집단분포와 크기가 40인 표본에 대한 표본평균의 근사표집분포

크기가 40인 표본에 대한 표본평균의 대략적인 표집분포는 여러 면에서 모집단분포와 다르다. [그림 1.17]은 모집단분포와 근사표집분포를 동일한 축 위에서 겹쳐 놓았다. 표본평균은 실제 모집단 평균(약 421) 주위에 중심을 두고 있음에도 불구하고 근사표집분포의 모양은 모집단분포의 모양과 상당히 다르다. 근사표집분포는 훨씬 더 대칭적이고 모집단분포보다 훨씬 더 폭이 좁다. [생각해보기 1.12]는 표본평균의 표집분포와 모집단분포의 차이에 대해 더 깊이 탐구한다.

생각해보기 1.12

> 표본 크기 n=1인 경우, 보낸 문자 메시지의 모집단분포와 표본평균의 표집분포에 대한 히스토그램을 비교하면 어떠합니까?

표본평균의 표집분포는 모양과 변이성 모두에서 모집단분포와 다를 것이다. 크기가 1인 표본은 단 하나의 예외적인 것으로, 흥미 있거나 유익한 표본은 아니다. 이 경우 표본평균은 표본에 속하는 유일한 자료값과 동일하며 표본평균의 표집분포는 모집단분포와 같다. 다른 모든 표본 크기의 경우 표본평균의 표집분포는 모집단분포보다 폭이 더 좁고 표본 크기가 클수록 표본 간 변이성은 작아진다.

지금까지 우리는 세 가지 유형의 분포, 모집단분포, 표본분포, 표집분포를 살펴보았다. 연구에 따르면 학생들은 종종 이러한 유형의 분포를 구별하는데 어려움을 겪는다(Chance, delMas, Garfield, 2004; Lipson, 2002). 올바른 통계적 추론을 위해서는 이들을 구별하는 것이 중요하다. [그림 1.18]의 세 그래프가 그 차이를 보여준다.

「통계의 필수 이해: 6–8학년(Kader and Jacobbe, 2013)」에서 표와 그래프로 분포를 표현하는 방법에 대해 소개한다.

모집단분포

전체 모집단에 대한 어떤 변수 값의 분포. 모집단분포는 모집단에 속하는 개별 자료 간 변이성을 설명한다. 대부분의 실제 상황에서 모집단분포는 알려지지 않는다.

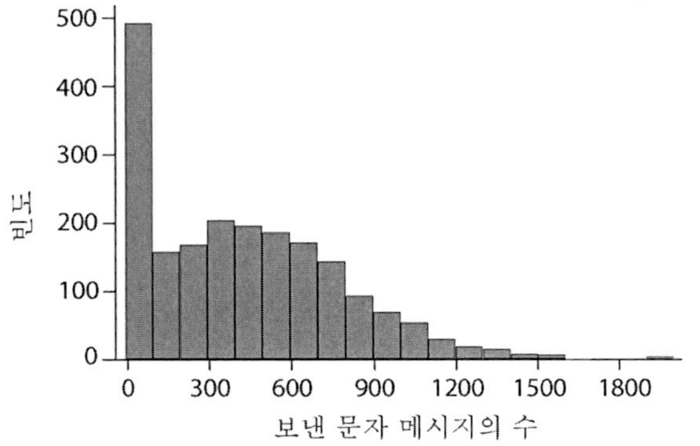

<모집단분포>

표본분포

모집단에서 선택된 표본에 대한 변수 값의 분포. 표본분포는 표본에 속하는 개별 자료 간의 변이성을 설명한다. 우리는 이 분포를 알 수 있고 활용할 수 있다.

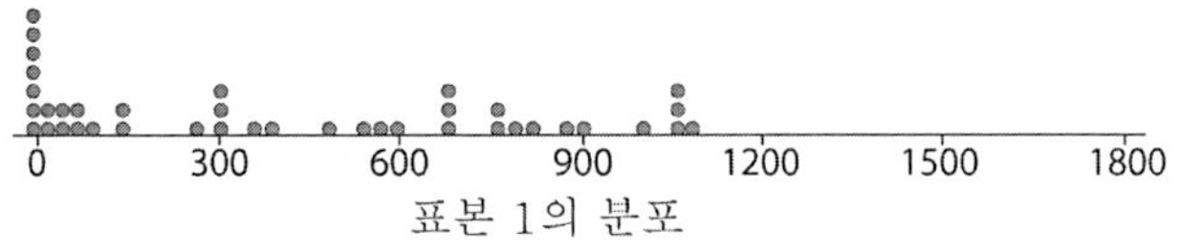

<크기가 **40**인 표본 한 개에 대한 표본분포>

표집분포

모집단에서 선택될 수 있는 모든 가능한 표본에 대한 어떤 표본 통계량(예, 표본평균) 값의 분포. 표집분포는 통계량의 값이 표본마다 얼마나 다른지를 보여준다.

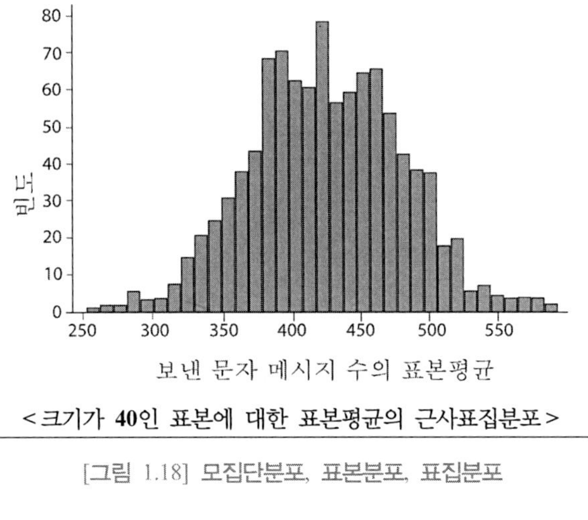

<크기가 **40**인 표본에 대한 표본평균의 근사표집분포>

[그림 1.18] 모집단분포, 표본분포, 표집분포

모집단분포를 알 수 있다면, 이는 모집단에서 어떤 변수의 경향에 대해 알려주기 때문에 유익하다. 표본분포는 한 표본에서 특정 변수의 경향에 대해 알려주며, 표본이 무작위로 선택되었다면 모집단분포를 근사한다. 그렇다면 표집분포는 우리에게 무엇을 말해주는가? 표본 통계량의 표집분포를 알면 다음 질문에 답할 수 있다.

1. 무작위 표본의 표본 통계량 값은 어떠한 경향을 갖는가?
2. 표본 통계량 값은 모집단의 값과 얼마나 다른가?
3. 무작위 표본을 이용해 모집단의 특성에 대한 정확한 추정값(예, 모평균)을 구할 수 있다고 기대할만한가?

예를 들어, [그림 1.17]에서 음영으로 표시된 분포는 앞서 살펴본 모집단에서 추출한 크기가 40인 무작위 표본에 대한 표본평균의 표집분포와 유사하며 보낸 문자 메시지 수에 대한 2000개의 값으로 구성된다. 이 경우 근사표집분포를 주의 깊게 살펴보면 위의 질문에 다음과 같이 답할 수 있다.

1. 크기가 40인 무작위 표본에서 얻은 표본평균은 표본마다 상당히 다를 수 있다. 근사표집분포에서 관찰된 표본평균들이 약 240 ~ 590에 위치한 것을 보고 표본평균들의 변이성이 크다는 것을 알 수 있다.
2. 표본평균은 모집단 평균인 420.6을 중심으로 모이는 경향이 있지만, 일부 표본은 모집단 평균과는 상당히 다른 표본평균을 갖는다. 표본평균 대부분은 실제 모집단 평균보다 50정도 작거나 크다.
3. 많은 표본들이 실제 모집단 평균으로부터 약 50 이내에 있는 표본평균을 갖고 있으며, 상당히 적은 수의 표본만이 모집단 평균으로부터 100 이상 떨어진 표본평균을 갖는다. 이는 모집단의 평균에 대한 추정값으로 크기가 40인 무작위 표본에서 얻은 표본평균을 사용할 때 기대할

수 있는 정확도를 나타낸다.

표본의 크기가 더 크면 이 질문에 대한 답이 어떻게 달라지겠는가? [그림 1.19]는 보낸 문자 메시지 수의 모집단에서 추출한 크기가 100인 무작위 표본에 대한 표본평균의 근사표집분포 히스토그램을 나타낸다. [생각해보기 1.13]은 표본 크기의 영향을 탐구한다.

생각해보기 1.13

[그림 1.19]의 근사표집분포를 살펴보시오.

a. 이 분포는 [그림 1.16]에서 크기가 40인 표본에 대한 근사표집분포와 어떻게 다릅니까?

b. 크기가 100인 무작위 표본에 대한 표본평균의 경우, 위의 세 가지 질문에 어떻게 대답하겠습니까?

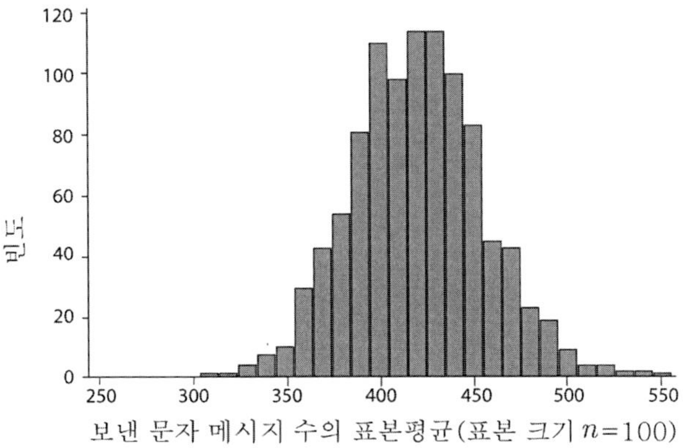

[그림 1.19] 그림 1.11의 모집단에서 추출한 크기가 100인 표본에 대한 표본평균의 근사표집분포

통계량의 표집분포가 중요한 정보를 제공하지만 서로 다른 무작위 표본을 많이 선택하여 표집분포의 근사를 구하는 것은 매우 지루하고 비실용적인 과정임을 알 수 있다. 또한, 어떤 상황에서는 반복 표집을 위해 모집단에 접근하는 것이 가능하지 않을 때도 있다. 다행히도 통계 이론을 기반으로 한 매우

일반적인 결과들은 주로 사용되는 표본 통계량에 대한 근사표집분포를 알려준다.

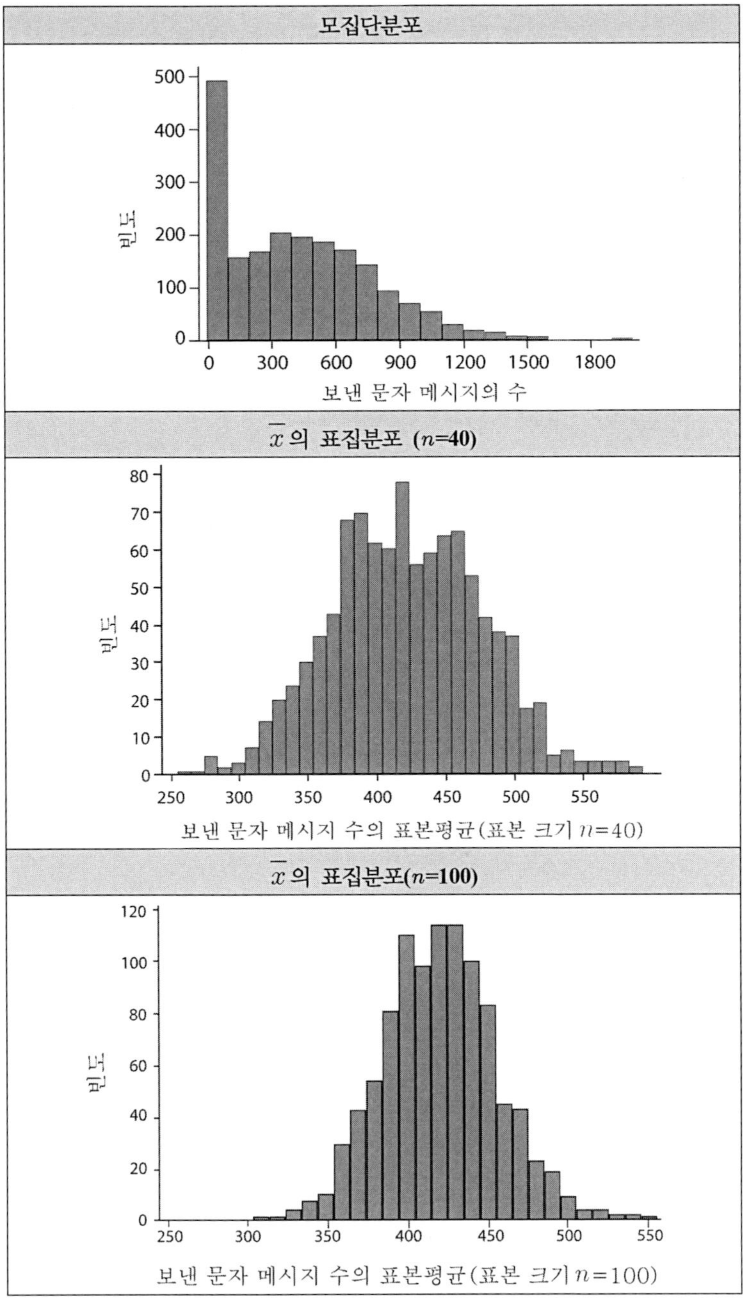

[그림 1.20] 모집단분포와 n=40과 n=100인 표본평균 근사표집분포

예를 들어, 많은 상황에서 표본평균 $\bar{x}$의 근사표집분포는 예측 가능한 형태를 갖고 있다. 이 형태를 조사하기 위해 [그림 1.11]의 문자 메시지 모집단을 다시 살펴보자. 이 모집단은 2000명의 고등학생들이 보낸 문자 메시지 수의 값으로 구성되었고, 모집단 평균은 420.6이다. 우리는 이미 이 모집단에 대한 표본평균의 두 가지 근사표집분포를 살펴보았다. 하나는 크기가 40인 표본들이고 다른 하나는 크기가 100인 표본들이다. 모집단분포와 이 두 가지 표집분포는 [그림 1.20]에서 다시 제시한다. [생각해보기 1.14]는 그림에 제시된 표집분포 두 개의 유사점과 차이점을 탐구한다.

생각해보기 1.14

[그림 1.20]의 히스토그램을 사용하여 다음 질문에 답하시오.

a. 근사표집분포는 모집단 평균 420.6에 비해 중앙에 위치하는 것으로 보입니까? 이것이 항상 그럴 것이라고 생각합니까?
b. 두 표본 크기 중 어떤 것이 표집분포의 변이성이 더 큽니까? 표집분포의 변이성은 모집단의 변이성과 비교해 어떠합니까?(모집단 히스토그램의 척도는 표집분포의 척도와 같지 않다.)
c. 일반적으로 표본 크기가 커짐에 따라 표본평균의 표집분포에서 나타나는 변이성은 어떠하다고 생각합니까?
d. 두 표집분포의 모양이 비슷합니까? 표집분포의 모양과 모집단분포의 모양이 어떻게 다릅니까? 그것이 놀라운 것입니까?

근사표집분포는 둘 다 모집단의 평균인 약 420.6을 중심으로 모여 있다. n=40에 대한 표집분포는 표본 크기가 100인 표본들의 표집분포보다 더 퍼져있고, 둘 다 모집단분포보다 덜 퍼져있다. 앞서 언급했듯이, 표본 간 변이성은 표본 크기가 증가함에 따라 감소하는 경향이 있다. 모양과 관련하여, 두 표집분포는 대략적으로 종 모양이고 대칭이며 정규분포와 유사하다. 모집단분포의 모양이 전혀 대칭이 아니기 때문에 이것이 약간 놀라울 것이다. 이러한 관찰을 바탕으로 다음과 같은 질문을 제기할 수 있다.

- $\bar{x}$의 표집분포는 항상 모집단 평균에 집중하여 분포하는가?
- $\bar{x}$의 표집분포의 변이성은 표본 크기가 증가함에 따라 항상 감소하는가?
- $\bar{x}$의 표집분포의 모양은 항상 대략적으로 정규적인가?

몇 가지 예를 더 살펴보자. [그림 1.21]은 문자 메시지 모집단에서 선택된 무작위 표본에 대한 세 가지 근사표집분포를 보여준다. [생각해보기 1.15]에서는 [그림 1.21]에서 추가로 제공하는 표집분포에 비추어 위에서 제기된 질문을 탐구한다.

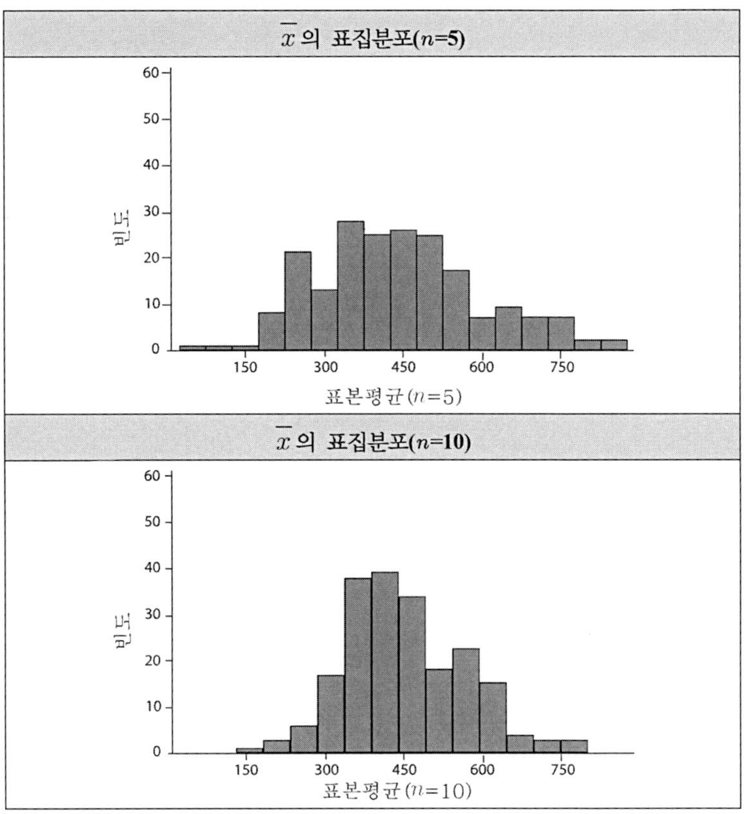

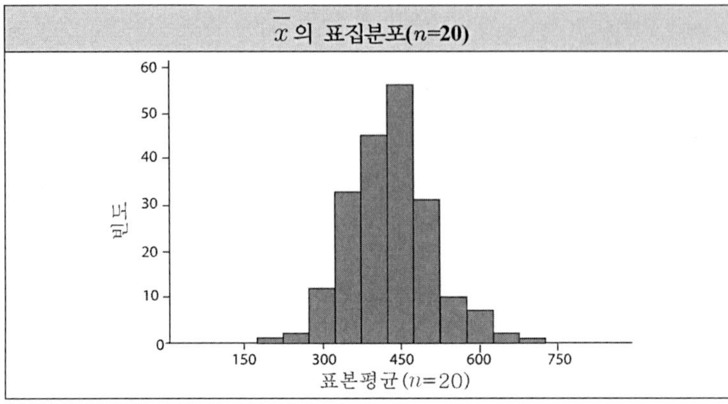

[그림 1.21] n=5, n=10, n=20인 표본평균의 근사표집분포

생각해보기 1.15

[그림 1.21]의 근사표집분포는 위 질문의 어떤 것에 '아니오'라는 증거를 제공합니까?

[그림 1.21]의 세 가지 표집분포는 모두 $n = 40$과 $n = 100$의 표집분포와 같이 420.6에 가깝게 집중되어 있음에 주목하자. 표집분포의 변이성은 표본 크기가 가장 작을 때 가장 크며, 이는 표본의 크기가 40, 100인 경우에 대해 이미 살펴보았던 사실과 일치한다. 그러나 표집분포의 모양을 주의 깊게 살펴보자. $n = 5$와 $n = 10$과 같이 표본의 크기가 작은 경우 표집분포는 실제로 대칭적이지 않으며 정규분포의 모양이 아니다. 그러나 표본 크기가 커짐에 따라 $\overline{x}$의 표집분포의 모양이 더 대칭을 이루며 정규분포와 매우 유사하게 된다.

이러한 관찰 결과는 통계 이론이 표본평균의 표집분포에 대해 알려주는 것과 일치한다. 이 이론은 이 책의 범위를 벗어나므로 여기에서는 다루지 않는다(자세한 내용은 통계 교재, 예를 들어, Devore(2012)을 참조하기 바란다). 여기에서 우리는 단순히 크기가 n인 무작위 표본이 평균 μ, 표준편차 σ을 가진 모집단에서 선택된다면 표본평균 $\overline{x}$의 표집분포에 대해 다음 세 가지가 알려져 있다고 말할 수 있다.

1. 크기가 n인 무작위 표본으로부터 얻은 $\bar{x}$에 대한 값은 모집단 평균 μ의 값을 중심으로 몰려있다.
2. 표본 크기가 클수록 표본의 $\bar{x}$의 값이 표본마다 다를 확률이 낮아지고 모집단 평균 주위에 더 조밀하게 밀집된다. 표집분포의 표준편차는 $\frac{\sigma}{\sqrt{n}}$이다. $\bar{x}$의 표집분포의 표준편차는 표본 크기 n에 의존하고 표본 크기가 커질수록 표준편차가 작아짐에 주목하자. 모표준편차 σ는 대개 알 수 없으므로 공식에서 σ대신 표본에서 계산된 표준편차 s를 사용하여 추정한다.
3. 모집단분포가 정규인 경우 $\bar{x}$의 표집분포 또한 정규이다. 모집단분포가 정규가 아닐지라도, 표본 크기 n이 충분히 크면, $\bar{x}$의 표집분포는 대략 정규적이 된다. 모집단분포가 지나치게 비대칭이 아니라면, 일반적으로 크기가 30 정도인 표본에서 얻은 $\bar{x}$의 표집분포는 대략 정규적이 된다.

통계 이론은 다른 통계량의 근사표집분포에 대한 정보도 제공한다. 이러한 근사표집분포를 알면 이들 통계량을 사용하여 추리를 할 수 있다. 표집분포에서 제공하는 정보가 모집단 특성에 대한 결론을 도출하는데 어떻게 사용되는지는 핵심 아이디어 3과 5에서 살펴볼 주제이다.

핵심 아이디어 3
가설검정은 "어떤 사건이 우연히 일어난 것으로 볼 것인가?"라는 질문에 답한다.

핵심 아이디어 5
추정량을 평가하기 위해서는 편향, 정밀도, 표집방법을 고려해야 한다.

04 가설검정의 논리: 핵심 아이디어 3

핵심 아이디어 3. 가설검정은 "어떤 사건이 우연히 일어난 것으로 볼 수 있는가?"라는 질문에 답한다.

"Brown Bag Value Pak"이라는 초콜릿을 판매하는 초콜릿 회사가 봉지 안에 들어있는 초콜릿의 절반은 밀크 초콜릿이고 또 다른 절반은 다크 초콜릿이라고 주장한다고 가정해 보자. 당신은 봉지에서 초콜릿을 꺼낸다. 당신은 다크 초콜릿을 좋아하지 않으므로 밀크 초콜릿을 선택하길 원한다. 하지만 당신이 선택한 첫 번째 초콜릿은 다크 초콜릿이다. 다시 시도했지만 또 다크 초콜릿을 선택한다. 초콜릿을 뒤섞어 다시 시도한다. 다크 초콜릿이다. 당신은 단지 운이 없는 것인가, 아니면 초콜릿 회사의 주장을 의심해야 하는가? [생각해보기 1.16]은 언제 의심이 들게 되는지에 대해 질문한다.

생각해보기 1.16

몇 개의 다크 초콜릿이 연속적으로 선택될 때 초콜릿 회사의 주장을 "거부"하겠습니까? 왜 그 개수를 선택했습니까?

봉지에서 초콜릿을 선택했을 때 다크 초콜릿을 계속 선택하게 된다면 어느 시점에서 초콜릿 회사의 주장에 의문을 갖기 시작하고, 나중에는 그 주장이 거짓이라고 확신하게 될 것이다. 많은 사람들의 경우 세 번째 또는 네 번째까지 다크 초콜릿을 선택하게 되면 의심이 들기 시작할 것이며, 대부분의 사람들은 선택된 다섯 개 또는 여섯 개의 초콜릿이 모두 다크 초콜릿이라면 그 주장이 틀렸다는 확신을 갖는다고 말할 것이다. 우연히 한 개, 두 개, 또는 세 개의 다크 초콜릿을 선택할 수도 있지만 회사의 주장이 사실이라면 우연히 다섯 개 또는 여섯 개의 다크 초콜릿을 연속적으로 선택할 가능성은 거의 없다. 불가능하지는 않지만 가능성이 큰 것은 아니며, 그렇다고 주장이 틀렸다는 것을 우리에게 확신시키기에는 충분하지 않다.

이 예는 가설검정의 수행과 관련된 추론을 보여준다. 가설검정을 수행하는 메커니즘에 때로는 어려움을 겪을 수도 있지만, 관련된 추론은 간단하고 자연스럽다. 다섯 가지 필수 이해는 가설검정을 수행하는 것과 관련된 일종의 추리적 추론(inferential reasoning)을 다룬다.

귀무가설과 대립가설 중에서 선택하기

> 필수 이해 3a. 가설검정은 귀무가설과 대립가설 중 하나를 선택하는 것이다.

가장 간단한 형태로, 통계에서 가설은 모집단의 특성에 대한 주장 또는 진술이다. 가설검정은 표본 자료가 모집단에 대한 특정 가설을 뒷받침하는지 아니면 실험에서의 **처치** 효과에 대한 지지를 뒷받침하는지 알 수 있게 해주는 과정이다. 예를 들어, 위에서 살펴본 초콜릿 예제에서 표본을 사용하여 Value Pak에 들어 있는 초콜릿의 절반 정도가 밀크 초콜릿이라고 주장하는 회사의 주장이 사실인지 판단할 수 있다.

처음에는 조금 이상하게 보일지 모르지만, 표본 자료가 특정 가설을 뒷받침하는 확실한 증거를 제공하는지 여부를 결정하는 방법은 관심 있는 가설을 포함하는 한 쌍의 경쟁되는 가설을 설정하는 것이다. 초콜릿 예제에서 두 가지 가설은 다음과 같이 설정할 수 있다.

$$\pi = 0.5\text{와 } \pi \neq 0.5$$

여기서 π는 봉지에 든 전체 초콜릿 중 밀크 초콜릿의 비율이다. 가설 $\pi = 0.5$는 초콜릿의 절반이 밀크 초콜릿이라고 주장(회사의 주장)한다. 가설 $\pi \neq 0.5$는 밀크 초콜릿의 비율이 회사의 주장과 다르다는 주장이다. 이 가설들 사이에서 결정을 내리는 한 가지 방법은 봉지에 들어있는 모든 초콜릿을 조사하는 것이다. 그 방법은 비현실적이지만, 모든 초콜릿을 조사한다면 π의 실제 값을 알게 될 것이고 두 가설 중 어느 것이 옳은지 알 수 있다. 불행히도 우리는 일반적으로 표본 자료를 사용하여 두 가설 중 하나를 결정해야 한다. 이것은 우리가 완전한 정보를 얻을 수 없다는 것을 의미한다.

형사 재판은 두 모순된 주장 중 하나를 선택해야하는 일반적인 상황이다. 피고인은 유죄 또는 무죄로 판결되어야 한다. 미국의 사법제도에서 재판 중인 개인은 처음에 무죄라고 추정된다. 그 반대의 강력한 증거가 유죄 판결을 뒷받침하여 무죄라는 주장을 기각하게 만든다. 따라서 검찰은 배심원들에게 피고인이 유죄라는 확신을 심어줘야 하는 부담을 가진다.

사법 절차에서와 마찬가지로, 가설검정에서 우리는 처음에 특정한 가설이 올바른 가설이라고 가정한다. 표본 자료에 의해 제공된 "증거"를 고려하고 첫 번째 가설과 대립하는 증거가 설득력이 있는 *경우에만* 경쟁 가설에 찬성하여 이 가설을 기각한다. 처음에 참이라고 가정되는 가설을 **귀무가설**이라고 하며 일반적으로 H_0로 표기한다. 경쟁 가설을 **대립가설**이라고 하며 일반적으로 H_a로 표기한다.

귀무가설과 대립가설 중 하나를 선택함에 있어서, 초기에 귀무가설이 사실이라고 가정하고, 표본 자료가 우리에게 귀무가설이 틀렸다는 것을 확신시키는 경우에만 대립가설에 찬성하여 귀무가설을 기각한다. 이와 같은 기각은 *귀무가설이 사실일 경우* 발생할 가능성이 매우 적은 표본 자료를 관찰하였을 때 발생한다. 이는 우리가 귀무가설과 대립하는 확실한 증거를 갖게 되기 때문에 이 결론은 강력하다. [그림 1.22]는 이 과정을 보여 주며, [생각해보기 1.17]은 귀무가설과 대립가설 사이의 구별에 대해 탐구한다.

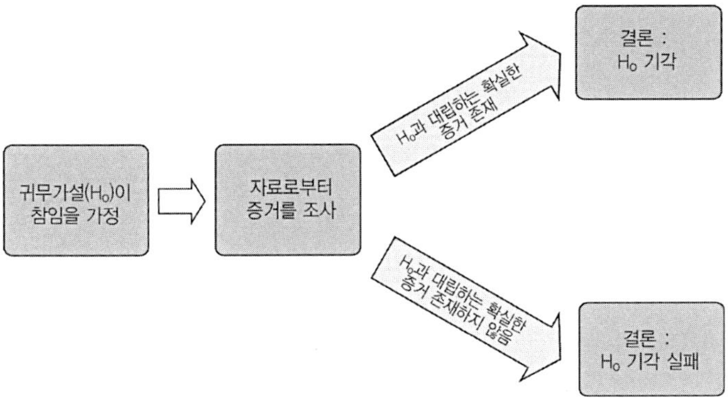

[그림 1.22] 가설검정에서 결론에 도달하는 과정

생각해보기 1.17

형사 재판을 가설검정으로 간주한다면, 다음 "가설" 중 어느 것이 귀무가설이며, 어느 것이 대립가설입니까?

피고인은 유죄이다

피고인은 유죄가 아니다

처음에 "피고인은 유죄가 아니다"를 사실이라고 가정하기 때문에 귀무가설이 된다. 우리는 이 가설을 반박하는 증거가 확실한 경우에만 이 가설을 기각하게 될 것이다. 의심의 여지가 있다면, "유죄가 아니다"라는 가설을 기각하지 않을 것이다. 이러한 두 결정(귀무가설을 기각하는 것과 기각하지 않는 것)은 동일한 가치를 갖지 않는다. [생각해보기 1.18]에서 이에 대해 탐구한다.

생각해보기 1.18

귀무가설을 기각하는 것은 강력한 결론이다. 귀무가설을 기각하지 않는 것 또한 강력한 결론이라고 생각합니까? 왜 그렇게 생각합니까?

표본 자료를 기반으로 귀무가설이 거짓이라고 확신하지 못하면 귀무가설을 기각하지 못한다. 그렇다고 해서 이것이 귀무가설이 사실이라는 강력하고 설득력 있는 증거가 있다는 것을 의미하지는 않는다. 우리는 귀무가설이 거짓임을 확신하지 않는다고 말할 수 있다. 이것은 귀무가설이 사실임을 확신한다고 말하는 것과는 다르다.

예를 들어, 초콜릿 예제에서 $\pi = 0.5$라는 귀무가설을 기각하면 회사가 생산한 봉지에서 밀크 초콜릿의 비율이 0.5가 아니며 회사의 주장은 틀렸다는 설득력 있는 증거가 존재한다고 말할 수 있다. 그러나 만약 귀무가설 $\pi = 0.5$를 기각하는데 실패한다면, 회사의 주장이 사실임을 확신했기 때문에 그런 것은 아니다. 연속적으로 선택된 네 개의 초콜릿 중 세 개가 다크 초콜릿이라면 귀무가설을 기각하지 못한다. 우리는 밀크 초콜릿의 비율이 0.5가 아니라는 것을 *확신하지 못했다고* 말한다. 우리가 확신하지 못한 이유는 표본에 있는 밀크 초콜릿의 비율과 주장된 값 0.5와의 차이는 회사의 주장이 사실일 때 표본 간 발생하는 우연에 의한 차이로 설명될 수 있기 때문이다.

대립가설 결정하기

필수 이해 3b. 대립가설은 관심 있는 통계 질문에 의해 결정된다.

통계적 가설검정은 대립가설에 대해서만 강력한 지지를 입증할 수 있다. 따라서 연구 목표가 모집단에 대한 특정 주장을 표본 자료가 뒷받침하는지 여부를 결정하는 것이라면 이 주장의 대립가설을 결정해야 한다. 대립가설은 일반적으로 다음 셋 중 하나의 형태를 취한다.

H_a: 모집단 특성 > 귀무가설 설정 값
H_a: 모집단 특성 < 귀무가설 설정 값
H_a: 모집단 특성 $\neq$ 귀무가설 설정 값

연구의 맥락과 연구 중인 통계 질문은 귀무가설의 설정 값을 결정하고 또한 이 값과 모수의 관계가 "더 크다"인지 "더 작다"인지 또는 "같지 않다"(>, < 또는 ≠)인지 여부를 결정한다. 이 가설은 표본 자료를 조사하기 *전에* 공식화되는데, 가설의 선택은 우리가 답하려고 하는 통계 질문에 의해 결정되고 관찰된 자료에 의해 영향을 받지 않아야하기 때문이다.

귀무가설은 대개 "같다(=)"라는 주장으로 기술된다. 그러나 귀무가설은 대립가설에서의 "같지 않다"가 "보다 크다(>)"로 기술될 때 종종 "작거나 같다(≤)" 로 기술된다. 또는 대립가설의 "같지 않다"가 "보다 작다(<)"로 기술될 때 귀무가설이 "크거나 같다(≥)"로 기술될 수 있다. 그러나 "와 같다(=)"는 항상 귀무가설의 일부로 포함된다.

귀무가설에서 "같다"의 진술을 사용하는 것이 왜 합리적인지 알아보기 위해 특정 가설에 대한 대립가설이 $H_a : \mu > 750$이라고 가정하자. 귀무가설은 대개 $H_0 : \mu \leq 750$이 아니라 $H_0 : \mu = 750$으로 기술된다. 이렇게 하면 750의 경계 값에 집중할 수 있다. $\mu > 750$의 대립가설에 찬성하여 $\mu = 750$의 귀무가설을 기각하면 실제 평균이 750보다 크다는 것을 확신할 수 있다. 이는 평균이 749나 748 또는 750보다 작은 어떤 값보다 크다고 확신할 수 있음을 의미한다.

다음의 예는 연구의 목적이 H_0(처음에 주장이 사실이라고 믿는다)와 H_a의 선택에 영향을 미친다는 것을 설명하는데 도

움이 될 수 있다. 의료 연구팀이 특정 질병에 대한 새로운 치료법을 평가하는 과제를 부여 받았다고 가정해보자. 다음의 두 시나리오를 살펴보자.

- 시나리오 1: 현재의 표준 치료법은 의료계에 의해 합리적이고 안전하다고 간주되며, 부작용이 없고, 비싸지 않으며, 회복률이 0.9로 알려져 있다(환자의 90%가 치료됨)
- 시나리오 2: 현재의 표준 치료법은 때로는 심각한 부작용을 보이며, 비용이 많이 들고, 회복률이 0.2로 알려져 있다(환자의 20%가 치료됨)

시나리오 1의 전제하에서 새로운 치료법을 조사할 때 관심 있는 통계 질문은 "새로운 치료법의 회복률이 표준 치료법의 회복률보다 높은가?"이다. 새로운 치료법이 더 높은 회복률을 보였다는 설득력 있는 증거가 발견되지 않는 한, 현재의 의료 행위는 변하지 않을 것이다. 새로운 치료법을 적용받은 환자의 회복률을 π라 하고, 다음 가설을 검정할 수 있다.

$$H_0 : \pi = 0.9 \text{ 대 } H_a : \pi > 0.9$$

이런 경우 귀무가설을 기각하는 것은 새로운 치료법의 회복률이 더 높다는 설득력 있는 증거가 될 것이다. [생각해보기 1.19]는 전혀 다른 경우인 시나리오 2에서 가설을 어떻게 수정할 수 있는지 탐구한다.

생각해보기 1.19

시나리오 2의 전제하에서 새로운 치료법을 조사한다고 가정해보자. 시나리오 1의 경우와 동일한 귀무가설과 대립가설을 선택하겠습니까? 그렇지 않다면, 당신은 어떤 가설을 선택하겠습니까?

시나리오 2에 따르면 현재의 표준 치료법은 그다지 권고할 만하지 않다. 새로운 치료법은 비용 때문에, 또는 그것과 관련된 회복률이 표준 치료법보다 나쁘지 않거나 부작용이 덜 심각하고 적기 때문에 바람직하다고 간주될 수 있다. 여기에서 연구자는 다음을 검정하기로 결정할 수 있다.

$$H_0 : \pi = 0.2 \text{ 대 } H_a : \pi < 0.2$$

한편으로, 대립가설을 지지하여 귀무가설을 기각한다면, 새로운 치료법은 표준 치료법보다 더 낮은 회복률을 가지고 있다는 강력한 증거가 되기 때문에 표준 치료법의 대안으로 제시되지는 않을 것이다. 반면에 연구자가 귀무가설을 기각하지 않으면 새로운 치료법의 회복률이 표준보다 낮은 것으로 확신할 수 없다는 결론을 내릴 수 있다. 이는 새로운 치료법이 표준 치료법만큼이나 우수하다는 증거를 발견했다고 말하는 것과 동일하지 않다. 의료 행위가 새로운 치료법을 채택한다면 이것은 회복률이 높기 때문이 아니라 비용이 낮거나 부작용이 적고 표준 치료법보다 회복률이 낮다는 확실한 증거가 없기 때문이다.

귀무가설과 대립하는 설득력 있는 증거

> 필수 이해 3c. 표본 자료가 귀무가설과 대립하는 설득력 있는 증거를 제공한다면 대립가설을 채택하여 귀무가설은 기각된다.

초콜릿 예제와 두 가지 가설을 생각해 보자.

$$H_0 : \pi = 0.5 \text{ 와 } H_a : \pi \neq 0.5$$

여기에서 π는 밀크 초콜릿의 비율이다. 귀무가설 H_0가 틀렸다는 것을 확신하기 위해 무엇이 필요한가? 앞서 우리는 5~6개의 초콜릿을 선택했을 때 그것이 모두 다크 초콜릿이면 대부분의 사람들이 H_0가 틀렸다는 것을 확신할 것이라고 생각했다. 그러나 10개의 초콜릿을 선택하고 그 중 단 3개가 밀크 초콜릿이라면 어떻게 될까? π=0.5라는 귀무가설에 대립되는 설득력 있는 증거라고 생각할 수 있겠는가? 이것을 결정하기 위해 *초콜릿 모집단이 실제로 절반의 밀크 초콜릿과 절반의 다크 초콜릿으로 구성된 경우* 10개의 표본에서 단 3개의 밀크 초콜릿을 관찰하는 것이 놀랄만 한 것인지 평가해야 한다.

이것을 조사하는 한 가지 방법은 우리가 *알고 있는* 절반이 밀크 초콜릿인 모집단으로부터 표집을 시도하는 것이다. [생각해보기 1.20]에서는 이러한 모집단에서 표본을 추출하는 것을 시뮬레이션 하는 방법에 대해 탐구한다.

생각해보기 1.20

난수표나 그래픽 계산기를 이용해 무작위로 생성된 수들로 모집단을 구성했다고 생각해보자. 이 무작위 수들의 모집단을 어떻게 절반이 밀크맛인 초콜릿의 가상 모집단이라 간주할 수 있겠습니까?

무작위로 생성된 수들의 집합에 속하는 각 수가 하나의 초콜릿을 나타내기 때문에 초콜릿의 모집단을 시뮬레이션하기 위해 무작위 수들의 집합을 사용할 수 있다. 우리가 짝수를 밀크 초콜릿으로, 홀수를 다크 초콜릿으로 생각한다면 시뮬레이션된 절반이 밀크맛인 초콜릿 모집단을 갖게 된다.

이제 이 모집단에서 무작위로 크기가 10인 표본을 추출하는 것을 생각해 보자. 이 표본은 10개의 무작위 수들로 구성된다. [생각해보기 1.21]은 귀무가설이 사실일 때 표본에서 예상될 수 있는 것을 학습하기 위해 시뮬레이션을 사용하는 것에 대해 탐구한다.

생각해보기 1.21

다음 10개의 무작위 수들은 절반이 밀크맛인 초콜릿의 모집단으로부터 추출된 10개의 초콜릿 표본을 나타낸다고 가정하자.

4 0 6 9 7 1 4 5 9 3

짝수가 밀크 초콜릿을 나타내는 경우, 시뮬레이션 된 10개의 초콜릿 표본에 얼마나 많은 밀크 초콜릿이 있겠습니까?

[생각해보기 1.21]에서 무작위 수에 해당하는 10개의 초콜릿 표본에는 4개의 밀크 초콜릿이 있다. 이 과정을 여러 번 반복하면 매번 다른 무작위 수를 사용하여 절반이 밀크 초콜릿임을 *알고 있는* 모집단에서 10개의 초콜릿 표본을 추출할 때 기대할 수 있는 밀크 초콜릿의 수에 대해 어느 정도 예측할 수 있다.

[그림 1.23]은 절반이 밀크맛인 초콜릿의 모집단으로부터 크기가 10인 서로 다른 100개의 무작위 표본에서 관찰된 밀크 초콜릿의 수를 나타낸 점그래프이다. 따라서 점그래프는 절반이 밀크 초콜릿인 모집단으로부터 추출된 크기 10인 표본에 들어있는 밀크 초콜릿의 수를 계산하는 통계량에 대한 **근사표집분포**이다(필수 이해 2c 참조). [생각해보기 1.22]는 특정 표본의 결과가 비정상적인 것인지 여부를 결정하기 위해 이 분포를 사용하는 것에 대해 탐구한다.

필수 이해 2c

표본 통계량의 표집분포는 통계량의 값들이 표본마다 얼마나 다른지 설명한다.

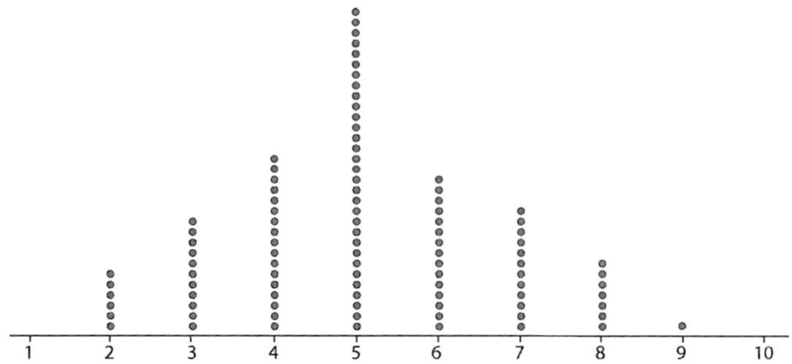

[그림 1.23] 절반이 밀크맛인 초콜릿 모집단에서 추출한 크기 10인 표본에 들어있는 밀크 초콜릿의 수

생각해보기 1.22

[그림 1.23]의 점그래프를 토대로 절반이 밀크맛인 초콜릿의 모집단에서 추출한 크기가 10인 무작위 표본에 3개의 밀크 초콜릿이 있다면 이것은 놀라운 것입니까? 크기가 10인 무작위 표본에 3개의 밀크 초콜릿이 있는 것이 귀무가설 $H_0 : \pi=0.5$에 대립하는 설득력 있는 증거로 간주될 수 있습니까?

[그림 1.23]을 보면, $\pi=0.5$일 때 밀크 초콜릿을 3개 발견하는 것이 그리 놀라운 일이 아님을 알 수 있다. 사실, 100개의 표본 중 17개가 3개 이하의 밀크 초콜릿을 포함하고 있다. $\pi=0.5$인 경우 3개 이하의 밀크 초콜릿이 포함된 표본은 약 17% 발생한다. 표본 간 발생할 수 있는 우연에 의한 결과로 볼 수 있다. 크기가 10인 표본에서 3개의 밀크 초콜릿이 보이는 이유를 표집 변이성으로 설명하는 것이 타당하기 때문에 $H_0 : \pi=0.5$가 거짓임을 확신할 수 없으며, 이 귀무가설은 기각되지 않는다. [생각해보기 1.23]은 다음 단계로 나아가도록 돕는다.

생각해보기 1.23

[그림 1.23]을 토대로 절반이 밀크 초콜릿인 모집단에서 크기가 10인 무작위 표본을 추출할 때 놀랄만한 밀크 초콜릿의 수는 얼마입니까?

[그림 1.23]에서 점그래프를 구성하는데 사용된 표본 중 밀크 초콜릿의 수가 0 또는 1인 경우가 없음에 주목하자. 또한 10도 없으며 하나의 표본만 9이다. 이러한 현상이 자주 발생하지 않기 때문에, $\pi=0.5$인 경우 크기가 10인 표본에서 밀크 초콜릿을 1개 이하로 보는 것이 놀랄만 한 것으로 생각할 수 있으며, 9개 이상 발견하는 것 역시 놀라운 것으로 볼 수 있다. 우리가 이러한 결과들 중 하나를 관찰하게 된다면 귀무가설을 기각할 수 있다. 귀무가설이 거짓이라는 증거는 없지만, 귀무가설이 실제로 사실이라면 불가능하지는 않으나 거의 발생하지 않는 무언가가 발생했기 때문에 거짓이라고 확신할 수 있다. 귀무가설이 사실이라면 표본 자료가 놀라운 것인지 여부를 어떻게 평가하는지에 대한 설명은 핵심 아이디어 3과 관련된 나머지 두 가지 필수 이해에서 기술된다.

놀라움의 측도

필수 이해 3d. p값은 놀라움에 대한 측도이다.

가설검정에서 p값은 귀무가설이 *사실일 때* 표본 자료가 표본에서 관찰된 자료만큼 극단적이거나 극단적인 것으로 보이는 확률로 정의된다. 이 진술의 조건적인 특성에 주목하자. p값은 귀무가설이 사실이라는 가정 하에 계산된다. 이런 식으로 정의된 p값은 귀무가설에서 제기된 주장과 관찰된 표본 자료 간의 불일치의 측도로 생각할 수 있다. [생각해보기 1.24]는 p값이 가설검정에서 결정을 내릴 때 어떻게 사용되는지 탐구한다.

생각해보기 1.24

작은 p값은 귀무가설을 기각해야 한다는 표시인가 기각하지 않아야 한다는 표시인가?

p값이 작다는 것은 귀무가설이 사실일 때 표본에서 관찰한 것과 같은 것을 볼 가능성이 상당히 낮다, 즉 확률이 매우 작다는 것을 의미한다. 이것은 귀무가설이 사실이라면 표본이 우리가 보기를 기대하는 것과 일치하지 않는다는 것을 나타낸다. 우리는 이것을 귀무가설과 대립하는 증거로 본다.

반면, p값이 작지 않다는 것은 귀무가설이 사실일 때 표본에서 보는 것과 같은 결과를 관찰하는 것이 이상하지 않다는 것을 의미한다. 이것은 귀무가설이 사실이라는 것을 *증명하지는* 않지만, 귀무가설이 사실일 때 표본 간 발생할 수 있는 우연 변이성의 결과로 관찰된 표본이 우리가 볼 것이라 예상하는 것과 일치한다는 것을 의미한다. 즉, 귀무가설을 기각할 이유가 없다.

그러면 p값은 실제로 어떻게 결정되는가? 한 가지 방법은 초콜릿 예제에 대한 필수 이해 3c에서 설명한 것과 같은 시뮬레이션을 수행하여 p값을 추정하는 것이다. 그러나 그러한 시뮬레이션의 수행은 p값의 측정을 이해하는데 도움이 되지만 매우 지루한 과정일 수 있다. 여기서 p값을 추정하는 또 다른 방법을 제공함으로써 표집분포에 대한 정보를 구할 수 있다(필수 이해 2c의 초점). 표본평균의 표집분포에 대한 이해가 어떻게 p값 추정에 대한 통찰을 제공하는지 보려면 다음의 예를 살펴보는 것이 도움이 된다.

> 필수 이해 3c
> 표본 자료가 귀무가설과 대립하는 설득력 있는 증거를 제공한다면 대립가설을 채택하여 귀무가설은 기각된다.

> 필수 이해 2c
> 표본 통계량의 표집분포는 통계량의 값들이 표본마다 얼마나 다른지 설명한다.

Obesity라는 잡지에 실린 한 논문(Dumanovsky et al., 2009)은 3개의 햄버거 체인점 중 한 곳을 이용한 3857명의 성인 고객이 식당을 나갈 때 영수증을 조사한 연구에 대해 기술하고 있다. 연구자는 영수증을 사용하여 고객이 주문한 품목을 확인하고 섭취한 총 칼로리의 양을 계산했다. 건강한 식사에 관한 웹 사이트(www.healthydiningfinder.com)는 하루에 2000칼로리 식이요법에 따라 750칼로리의 점심 식사를 권장한다. 연구자들은 3개의 체인점 중 어떤 식당에서 점심 식사를 할 때 평균 칼로리의 양이 권장량 750칼로리보다 큰지 여부를 결정하는데 관심이 있었다.

물론 우리는 3857명의 사람들이 어떻게 선정되었는지, 그리고 참여를 거부한 사람들이 많았는지와 같은 연구와 관련된 다른 여러 사항들에 대해 더 많이 알고 싶을 것이다. 그러나 이 토론을 위해 이 표본을 3개의 햄버거 체인점에서 점심을 먹는 사람들의 모집단에 대한 대표로 간주하는 것이 합리적이라고 가정해 보자. 연구자들은 다음 가설을 검증하기로 결정했다.

$$H_0 : \pi = 750 \text{ 그리고 } H_a : \pi > 750$$

이 논문은 3857명으로 구성된 표본이 소비한 칼로리의 표본평균은 857이며 **표본표준편차**는 677인 것으로 보고했다. 표본평균은 분명히 750보다 크지만 여기에서 중요한 질문은 *모평균이 실제로 750일 때* 표본들의 평균이 서로 다른 것은 우연에 의해 발생할 수 있는 정도와 일치하는지 여부이다. μ가 실제로 750인 경우 표본평균 857은 놀랄만한 일인지 결정하기 위해 모평균이 750인 경우 표본평균에 대해 어떤 값을 예상할 수 있는지 알아야 한다. 다행스럽게도 이것은 표본평균의 표집분포를 고려함으로써 얻을 수 있다.

핵심 아이디어 2에 대한 토론에서, 표본평균 $\bar{x}$에 대한 표집분포에 대해 다음 세 가지를 알 수 있다.

핵심 아이디어 2
분포는 변이성을 설명한다.

1. *모평균이 실제로 750일 경우* 모집단에서 무작위로 선택한 표본들의 $\bar{x}$ 값은 약 750을 중심으로 몰려있다.
2. $\bar{x}$의 표집분포의 표준편차는 대략 다음과 같다

$$\frac{s}{\sqrt{n}} = \frac{677}{\sqrt{3857}} \approx 10.9$$

3. 표본의 크기가 크기 때문에 $\bar{x}$의 표집분포는 대략 정규분포를 따른다.

따라서 모평균이 실제로 750일 경우 크기 3857의 무작위 표본의 $\bar{x}$값은 평균이 약 750이고 표준편차가 10.9인 정규분포를 따른다.

표집분포가 대략 정규임을 알기 때문에 경험적 규칙(empirical rule)이라는 결과를 사용할 수 있다. 경험적 규칙을 통해 정규분포에 대해 다음을 알 수 있다

- 약 68%의 값들이 평균으로부터 1 표준편차 이내에 위치한다.
- 약 95%의 값들이 평균으로부터 2 표준편차 이내에 위치한다.
- 약 99.7%의 값들이 평균으로부터 3 표준편차 이내에 위치한다.

이 연구에서 표본평균은 857, 즉 가정했던 750보다 107이 더 크다. 표본평균의 표집분포의 표준편차가 약 10.9이기 때문에 관찰된 표본평균은 750보다 약 $\frac{107}{10.9}$=9.82 표준편차가 더 크다. 즉, 관찰된 표본평균은 정규분포에서 볼 수 있는 값이 아니다. 750보다 3 표준편차 이상인 표본평균을 볼 가능성은 거의 없으며, 750보다 거의 10 표준편차가 큰 표본평균을 볼 확률은 기본적으로 0이다. 이러한 결과는 이 검정의 p값이 약 0이라는 것과 같다. 그리고 이것은 귀무가설이 사실이라면 857처럼 큰 표본평균을 볼 가능성이 *거의* 없음을 의미한다. 따라서 우리는 귀무가설에 반대하는 강력한 증거를 가지고 있으며, 이는 대립가설을 지지하여 귀무가설을 기각한다.

다양한 유형의 가설검정을 수행하기 위한 형식적인 절차가 있지만, 모든 검정의 추론은 본질적으로 여기에서 고려한 예와

동일하다. 이 논리와 p값의 해석을 이해하는 것은 다른 가설검정 상황에서 매우 중요하다.

오류(error)의 위험

> 필수 이해 3e. 가설검정이 항상 올바른 결정을 이끄는 것은 아니다.

가설검정 상황에서 우리는 모집단 특성에 대한 특정 가설을 강력하게 지지하는지 여부를 결정하기 위해 완전한 정보가 아닌 부분 정보를 사용한다. 결과적으로, 우리는 잘못된 결론을 도출할 위험을 지니고 있다. 이용 가능한 자료에 근거하여 우리는 실제로 사실인 가설에 대립하는 설득력 있는 증거가 있다고 결론을 내릴 수도 있다. 또는 가설이 사실이 아니어서 기각되었어야 함에도 불구하고 가설이 기각되어야 한다는 것을 우리에게 확신시켜주지 못하는 표본 자료에 근거하여 결정을 하게 될 수도 있다. 다음 예제를 살펴보자.

영국의 의사들은 불편한 의학 치료를 받아야 하는 환자들을 진정시키는데 음악 청취가 도움이 되는지 확인하고자 하였다(El-Hassan et al., 2009). 연구자들은 검증된 측도를 사용하여 환자 표본의 각 사람에 대한 불안 수준의 변화를 기록했다. 환자는 무작위 표본이 아니지만 처치군(치료 전에 음악을 들음) 또는 대조군(음악을 듣지 않음)에 무작위로 할당되었다. 연구팀은 대조군이 "불안감에서 차이가 없는 것"으로, 처치군은 "불안감이 유의하게 감소한 것"으로 결론을 내렸다.

대조군과 처치군의 불안 수준 변화에서 관찰된 차이에 대한 설명으로 (a) 치료가 실제로 불안을 낮춘다 또는 (b) 관찰된 차이가 우연에 의한 것이다라고 가정해보자. 연구가 잘 설계되고 불안의 수치 측도가 환자의 불안 수준을 정확하게 반영한다면, (a)를 그에 대한 설명으로 간주하는 것이 이상적일 수 있다. 그러나 여전히 이 결론은 정확하지 않을 수 있다. 즉,

대립가설을 지지하여 귀무가설을 기각하는 결정은 연구자 측의 실수일 수 있다. 불안의 수준, 음악에 대한 반응, 의학 치료에 대한 반응 모두가 연구자의 통제를 넘어서는 다양한 요인으로부터 영향을 받을 가능성이 있기 때문에 동일한 환자 그룹에서도 연구를 반복하면 결과가 달라질 수 있다. 그러므로 음악은 효과가 없으며 관찰된 차이는 단지 이러한 특별한 표본의 경우 대조군과 처치군 간의 차이가 음악 청취에 영향을 받은 것이라고 연구자가 결론을 내리기에 충분할 정도로 큰 것처럼 보일지라도 우연에 의한 것일 수 있다. 연구자들이 감지할 수 없는 자료 내의 변이성 때문에 진정한 차이가 있음에도 불구하고 두 그룹 간에 차이가 있다는 증거가 없다고 결론을 내리면 다른 유형의 오류가 발생한다.

오류의 위험을 인지하는 것은 가설검정의 수행에서 중요한 부분이다. 가설검정의 **유의수준**은 귀무가설이 사실일 때 귀무가설을 기각할 확률로 정의된다. 따라서 유의수준은 **조건부 확률**이다. 음악 청취가 불안에 미치는 효과에 대한 연구에서, 유의수준은 음악을 듣는 것이 불안을 감소시킨다는 것이 참이 *아닐 때* 음악 청취가 불안을 감소시킨다고 (잘못된) 결론을 내릴 확률이다.

유의수준은 가설검정에서 잘못된 결정의 위험을 측정하는 하나의 측도로 사용된다. 유의수준은 귀무가설을 기각하거나 기각하지 않는 특정 결정이 옳은지 여부를 알려주지는 않지만 결론에 도달하는데 사용된 특정 방법에 대해 참인 귀무가설을 기각할 위험에 대한 정보를 제공한다. 우리는 의학 연구자들의 결론이 옳지 않을 확률이 얼마인지 알지 못한다. 그러나 유의수준을 0.05로 보고했기 때문에 실제 효과가 없는 상황에서 취한 모든 무작위 표본의 5%에서 실수로 효과가 있다고 선언하는 방법을 사용했음을 알고 있다. 또한 다른 모든 것들이 동등할 때 일반적으로 10% 정도 실수를 범하는 검정보다 이러한 검정을 선호하게 된다.

검정이 수행되기 전에 검정의 유의수준이 결정된다. 지정된 유의수준은 연관된 p값이 지정된 유의수준보다 작을 때 귀무가설을 기각하면 성취될 수 있다. 예를 들어, 검정의 유의수준이 0.05로 선택되었다고 가정하자. 귀무가설이 사실이라는 것을 감안할 때 우연에 의해 발생하는 무언가를 5% 미만으로 보는 경우에만 (즉, p값 < 0.05) 귀무가설을 기각한다면, 귀무가설을 기각하는 오류를 범할 위험은 5%로 통제된다.

물론 귀무가설을 잘못 기각하는 것은 가능한 오류의 한 유형일뿐이다. 다른 유형의 오류는 귀무가설이 기각되어야 할 때 귀무가설을 기각하지 않는 것이다. 불행하게도, 이 위험을 수량화하는 것은 쉽지 않다. 왜냐하면 그것은 표본의 크기와 유의수준뿐만 아니라 모집단 특성의 실제 값에 달려 있기 때문이다.

예를 들어, 칼로리 연구를 다시 살펴보자. 칼로리 연구의 검정에서 귀무가설과 대립가설은 다음과 같다.

$$H_0 : \mu = 750 \text{ 그리고 } H_a : \mu > 750$$

점심 식사에 섭취한 칼로리 양의 평균이 실제로 750보다 큰 것으로 가정하자. 즉, 귀무가설이 기각되어야 한다. 귀무가설을 기각하지 않을 위험(잘못된 결정)은 모집단이 섭취한 평균 칼로리 양의 실제 값 μ에 달려 있다. μ가 실제로 751일 때보다 800일 때 귀무가설을 기각하는 올바른 결정을 내릴 확률이 더 높다. μ의 실제 값을 알 수 없으므로 (μ의 실제값을 알 수 있다면 검정을 수행할 이유가 없다!), 귀무가설을 기각하지 않는 오류를 범할 위험을 쉽게 수량화 할 수 없다.

이것은 가설검정에서 "기각하지 않음" 결정이 강력한 결론이 아닌 이유 중 하나이다. 우리는 귀무가설이 틀렸다는 것을 확신하지 못하므로 기각하지 않는다. 그러나 우리는 이것이 잘못된 결정일 확률을 알지 못한다. 가설검정에서 잘못 결정할 위험을 평가하는 방법에 대한 자세한 내용은 통계 교재(예, Devore, 2012)를 참고하기 바란다.

05
자료수집 방법의 중요성: 핵심 아이디어 4

핵심 아이디어 4. 자료수집 방법이 중요하다

통계학자인 데이비드 무어(David Moore)는 자료를 “맥락이 있는 수”라고 규정한 것으로 유명하다. 이는 자료가 수학에서처럼 “이상화된” 수가 아니라 측정 단위와 측정 오차까지 포함한다는 것을 의미한다. 그러나 여기서 “맥락”은 무엇보다도 자료수집에 사용된 방법과 그러한 자료수집을 생각하게 된 동기가 설명되어야 함을 강조한다.

자료수집 방법은 자료에 기초한 추리의 형태를 제한할 수도 있고 확장할 수도 있기 때문에 중요하다. 예를 들어, 인구의 $\frac{1}{3}$이 매달 3000건 이상의 문자 메시지를 보낸다는 퓨 연구재단(Pew Research Foundation)의 믿을 수 없는 연구 결과를 읽었다고 하자. 연구진이 10대들을 대상으로 자료를 수집하였기 때문에 여기서 “인구”에 성인이 포함되지 않는다는 것을 알기 전까지는 이러한 연구 결과를 믿기가 어렵다.

자료수집은 통계학자들의 역할과 관련하여 중요한 위치를 차지한다. 통계학자들의 작업은 누구나 할 수 있는 추정과 예측을 하는 것이 아니라 그러한 추정과 예측에 내재된 잠재적 오차를 수량화하는 것이다. 선거에서 후보 중 한 명의 지지율이 55% 이상이 될 것이라는 예측은 누구든지 할 수 있다. 그러나 통계에서는 그 후보의 지지율이 52%에서 58%사이가 될 것이라는 예측이 얼마나 믿을만한지 수량화할 필요가 있다.

이처럼 오차를 수량화하기 위해서는 표집분포에 대한 지식이 필요하며, 이는 결과적으로 자료가 무작위로 수집되어야 함을 의미한다. 무작위 표집이나 무작위 할당 없이는 불확실성을 수량화하는 것이 불가능하다. 자료수집의 중요성과 함의에 대한 네 가지 필수 이해가 핵심 아이디어 4에서 제시된다.

관찰연구와 통제실험

필수 이해 4a. 설문 조사를 포함한 관찰연구는 모집단 또는 표본의 특성에 대한 정보를 제공하는 반면, 통제실험은 처치 효과에 대한 정보를 제공한다.

관찰연구를 통해 알 수 있는 것과 **통제실험**을 통해 알 수 있는 것이 다르기 때문에 이 둘을 구별하는 것은 중요하다. 관찰연구는 그 유형이 다양하지만, 통제실험은 1년 정도면 설계 방법을 쉽게 배울 수 있다. 몇 가지 고유한 특징에 따라 두 가지 연구 유형을 구별할 수 있다.

통제실험은 연구자들이 연구대상에게 주는 **처치**를 일정한 수준으로 통제하는 조사연구이다. 대부분의 실험은 처치의 효과를 측정하거나 처치 자체에 효과가 있는지를 알아보기 위해 설계된다. 처치는 어떤 약물을 투여했을 때의 효과 또는 서로 다른 약물의 효과를 탐색하는 것으로 구성될 수 있다. 또한 처치는 퍼즐을 풀 때 모차르트 음악을 듣는 것과 같이 어떤 경험이 될 수도 있다. 실험의 목적은 다음과 같은 질문에 답함으로써 처치의 효과를 측정하는 것이다: 병이 치료되거나 증세가 호전되는가? 퍼즐이 더 빨리 풀리는가? 좋은 연구에는 *대조군*이라고 불리는 비교군이 있어야 한다. '모차르트 음악을 듣지 않고 퍼즐을 해결한' 비교군이 없다면 모차르트 음악을 들으면서 퍼즐을 푼 사람들이 그렇지 않은 사람들보다 더 빨리 퍼즐을 풀었다는 결론을 내릴 수 없다. 예를 들어, 어떤 연구에서는 약물 투여량의 정도에 따라 여러 개의 비교군을 조사할 수도 있다.

간단히 말해서 실험은 두 변수 간의 연관성을 탐색하는 시도라고 생각할 수 있다. 첫 번째 변수는 연구대상이 받은 처치로 설명되는 *처치변수*이다. 이는 연구대상이 처치를 받았는지(모차르트 음악을 들었는지) 그렇지 않았는지(어떤 음악도 듣지 않았는지)를 간단하게 기술하는 범주형 변수가 될 수 있다. 또한 처치변수는 연구대상에게 투여된 약물의 양이 될 수도 있다. 두 번째 변수는 연구자들이 관심을 두는 변수인 *반응변수*이다. 예를 들어 이 변수는 연구대상이 얼마나 빨리 퍼즐을 풀었는지 또는 미래 어느 순간에 연구대상의 건강이 어떠한지에 대한 측도가 될 수 있다.

통제실험에서 연구자들은 각 연구대상에게 적용될 처치변수의 값을 결정한다. 예를 들어, 처치변수로 단 두 개의 값(연구대상이 처치를 받든지 혹은 비교군에 들어가든지)만 갖는 가장 간단한 연구에서 연구자들은 연구대상을 비교군 아니면 처치군에 할당한다. 처치의 효과를 판단하는데 **편향**을 피하기 위해 연구자들은 무작위 방법을 사용하여 연구대상을 처치에 할당한다. 예를 들어, 연구대상을 할당하는 사람이 의사라면 그는 가장 아픈 환자를 자신이 생각하기에 가장 효과적인 처치를 받도록 할 것이다. 그러나 연구자는 편향을 피하기 위해 동전을 던져서 연구대상을 처치군 또는 비교군에 할당한다.

관찰연구는 연구자들이 연구대상을 처치에 할당하지 않는다는 점에서 통제실험과 반대 상황에 있다. 때로는 통제실험을 수행하는 것이 불가능하거나(또는 엄두도 못 낼 만큼 경비가 많이 들거나), 비윤리적 문제를 야기하기도 한다. 예를 들어, 담배를 피우는 것과 같이 위험성이 이미 알려진 처치에 연구대상을 할당할 수는 없다. 그래서 연구자들은 연구대상 자신이 결정했거나 누군가의 통제를 넘어서는 힘에 의해 결정된 "할당"을 "관찰"만 한다. 예를 들어, 식당의 여자 종업원과 남자 종업원 중에 누가 더 많은 팁을 받는지 연구한다고 하자. 여러 가지 요소(식당의 유형, 음식의 가격, 시간대)를 통제할 수는 있지만, 종업원에게 성별을 할당할 수는 없다. 실행 가능한 연구는 동일한 시간대에 비슷한 수준의 식당에서 충분히 많은 수의 남자 종업원과 여자 종업원에 대한 자료를 조사하는 관찰연구이다. ("비슷한 수준의" 식당을 조사함으로써 부적절한 비교를 초래할 수 있는 반응변수의 변이를 최소화할 수 있다. 이를테면 팁에 대한 성향과 종업원의 태도는 중간급 식당과 고급 식당에서 매우 다르다.) [생각해보기 1.25]를 통해 통제실험이 수행하기 어려운 이유와 그 대신 관찰연구를 실행하는 이유를 생각해보자.

생각해보기 1.25

휴대전화 통화를 "지나치게" 많이 하면 암 발병률이 높아진다는 뉴스를 최근에 자주 듣는다. 이런 주장을 뒷받침하는 연구가 통제실험이라고 생각합니까? 아니면 관찰연구라고 생각합니까? 그 이유는 무엇입니까?

통제실험은 경우에 따라서는 연구대상에게 상당한 수준의 통제를 가할 필요가 있기 때문에 비용이 매우 많이 드는 연구이다. 휴대전화를 지나치게 많이 사용하는 경우가 그렇지 않은 경우보다 10년 이내에 암 발병률을 높이는지 알아보기 위해서는 연구대상의 생활을 매우 강력하게 통제해야 한다. 이러한 이유로 휴대전화의 위험성에 대한 연구는 이미 휴대전화를 많이 사용하거나 적게 사용하는 사람, 또는 전혀 사용하지 않는 사람을 대상으로 하여 관찰연구로 진행할 수밖에 없다.

통제실험에 비용이 많이 듦에도 불구하고 이를 수행하는 이

필수 이해 4b
실험에서 무작위 할당은 처치 효과에 대한 인과 관계 결론을 이끌어 내고 이러한 결론과 관련된 불확실성을 수량화 할 수 있게 해준다.

유는 무엇인가? 그 이유는 통제실험을 통해 두 변수 사이의 인과 관계를 설명할 수 있기 때문이다. 필수 이해 4b의 논의에서는 그 방법과 이유를 간단하게 탐색할 것이다: 잘 정의된 통제실험에서 처치변수와 반응변수 사이에 연관성이 존재한다는 것은 처치변수의 변화가 반응변수의 변화를 *유도한다*는 것과 같은 의미이다. 늘 그렇듯 문제는 사소한 곳에서 발생하기 때문에 "잘 정의된"이라는 단순한 용어의 의미가 매우 중요하다.

반대로 관찰연구를 통해서는 모집단의 다양한 특징을 살펴볼 수는 있지만 인과적 결론을 유도할 수는 없다. 예를 들어, 종업원의 성별과 받는 팁의 액수 사이에 연관성을 발견할 수는 있지만 이러한 연관성이 종업원의 성별에 의해 발생한다고 결론을 내릴 수는 없다. 비슷하게 휴대전화를 자주 사용하는 집단이 10년 이내에 암에 걸릴 확률이 높다는 것을 밝힐 수는 있지만, 이러한 연관성에 대해 다른 잠재적 설명이 존재할 수 있기 때문에 휴대전화가 암 발병의 원인이라고 결론지을 수는 없다.

일상생활에서 가장 자주 접하는 연구 유형이 *설문조사*이다. [생각해보기 1.26]을 통해 설문조사를 자료수집 방법과 관련하여 어떻게 분류할 수 있을지 생각해 보자.

생각해보기 1.26

설문조사에서 연구자는 참여자를 무작위로 선택하여 설문을 진행한다. 설문조사 결과를 활용하여 모집단의 특성을 예측한다. 예를 들어 대통령 선거에서 특정 후보의 지지율 또는 다음 달 주택 융자 신청률을 예측한다. 설문조사는 통제실험입니까, 관찰연구입니까?

설문조사는 통제실험과 관찰연구라는 이분법적인 구분에서 다소 애매한 위치에 있다. 잘 정의된 설문조사를 위해서는 연구대상을 무작위로 선택해야 하지만, 연구자들은 매우 적극적으로 참여자를 선정하며 참여자에게 연락을 취하는데 상당한 노력을 기울인다. 또한 연구자는 참여자들에게 직접적으로 설문을 제시한다. 그러나 일반적으로 설문조사는 참여자들이 해본 적이 있거나 앞으로 할 것들, 또는 참여자들이 지니고 있는 특징과 관련된 무언가에 대해서 설문을 진행한다. 설문조사는 집단의 구성원과 그 행동 사이의 연관성을 밝히기 위해 설계된다. 예를 들어, 특정 후보에 대해 매주 교회에 가는 사람들의 지지율이 그렇지 않은 사람들의 지지율보다 클 것인지 아닌지를 조사하는 것이다. 이와 같은 연구에서는 응답자들이 무작위로 할당되지 않기 때문에 설문조사는 보통 관찰연구로 범주화한다. 한편 마케팅 담당자(와 정치인)도 설문조사를 진행하는데, 이러한 설문조사는 조사원이 응답자에게 질문을 하기 전까지 응답자가 모르고 있던 상품(이나 후보자, 정치적인 이슈)을 제시함으로써 응답자의 행동에 영향을 주기도 한다.

무작위 할당

필수 이해 4b. 실험에서 무작위 할당은 처치 효과에 대한 인과 관계 결론을 이끌어 내고 이러한 결론과 관련된 불확실성을 수량화 할 수 있게 해준다.

한 변수의 변화가 다른 변수의 변화 때문인지 아닌지를 알아보는 *인과적 추리*는 대부분의 수학자들에게는 낯선 영역이다. 통계적 추리는 모집단에 대한 결론을 이끌어내기 위해 표본에서 얻은 측정값을 사용한다. 그러나 통제실험은, *연구대상*을 (적어도 그 집단 자체가 아닌) 더 큰 집단으로 확장하기 위한 것이 아니라 관찰된 반응변수의 차이가 처치의 차이에서 기인한 것인지를 밝히기 위한 것이다.

통제실험 설계의 기본 원리에 따르면 처치를 정의한 다음에는 처치의 차이를 제외한 모든 측면에서 거의 동일한 대조군을 설정할 필요가 있다. 잘 정의된 통제실험은 다음과 같은 특징을 가진다.

- *대조군*이라고 불리는 비교군이 적어도 한 개 이상 존재
- 연구대상을 처치군에 **무작위 할당**
- 대조군을 포함한 모든 그룹의 연구대상이 동등하게 다루어지도록 하는, 효과 없는 처치로서 플라시보
- 연구대상도 조사하는 사람도 연구대상이 속한 그룹을 모르도록 하는 이중가림기법(double-blinding)

이러한 특징이 중요한 이유를 설명하기 위해 효과성을 검증하고 싶은 처치가 하나뿐인 간단한 사례를 살펴보자. 피부에 생긴 사마귀를 없애는데 강력접착 테이프를 붙이는 것이 효과적인지(CBS 뉴스, 2009)를 알아보려 한다고 가정하자. 일정한 기간 동안 강력접착 테이프를 사마귀에 붙이는 단순 처치에 대해 반응변수는 일정한 기간이 지난 다음 측정한 사마귀 크기의 변화라고 하자.

첫 번째 단계는 연구대상을 모집하는 것이다. 피부에 사마귀가 있는 사람들에 대한 국가적 차원의 등록체계가 없기 때문에 표본을 무작위로 추출할 수가 없다. 따라서 지역사회의 의사 또는 피부과 전문의에게 연락을 취해 환자 중에 이러한 연구에 참여할만한 사람이 있는지 물어야 한다. 또한 사람도 다양하고 사마귀도 여러 변이성을 갖기 때문에 연구대상의 수도 충분히 클 필요가 있다. 일단 충분한 수의 연구대상을 모집하여 연구에 참여하겠다는 승낙서를 받은 후에는, 모든 사람들에게 단순히 실험 처치를 적용해서는 안된다는 것을 인식하여야 한다. 왜냐하면 그렇게 했을 때, 실험 처치를 적용하지 않으면 어떤 일이 발생할지 알 수 없기 때문이다. 그래서 피부에 있는 사마귀에 어떤 처치도 받지 않을 대조군이 필요하다. [생각해보기 1.27]은 무작위 할당의 중요성을 강조한다.

생각해보기 1.27

강력접착 테이프 처치를 할 대상과 처치를 하지 않을 대상을 연구자들이 직접 할당한다면 해당 연구에서는 어떤 종류의 편향이 일어날 수 있습니까?

두 번째 단계는 연구대상을 처치군 또는 대조군에 할당하는 것이다. 이러한 결정을 연구자들이 직접 하게 된다면 크기가 가장 크거나 가장 상태가 좋지 않은 사마귀가 있는 연구대상을 처치군에 할당하게 될 것이다. 그러나 이러한 사마귀는 처치에 거의 반응하지 않을 수 있기 때문에 이와 같이 연구대상을 할당하는 것은 강력접착 테이프 사용의 효과를 살피고자 하는 연구에 편향을 일으킬 수 있다. 연구대상들이 직접 자신이 할당받을 그룹을 선택하도록 할 수도 있지만 이때 연구자들은 처치군과 대조군 사이에 어떤 차이점이 반응변수에 변화를 가져왔는지 알 수 없다.

연관성의 인과 관계에 대해 대안적 설명을 제공하는 변수를 **중첩요인(confounding factor)**이라고 한다. 중첩요인는 처치군의 연구대상이 대조군의 연구대상과 다른 이유와 특히 반응변수에 있어 처치군의 연구대상이 다른 특징을 보인 이유를 설명한다. 예를 들어, 젊은 연구대상일수록 보다 도전적이기 때문에 선택의 기회가 주어지면 이들은 강력접착 테이프를 붙이게 되는 처치군을 택할 것이다. 따라서 처치에 사마귀가 반응하는 방식은 연구대상의 연령에 따라 다를 수 있다. 이 경우에는 연령이 중첩요인이 된다.

잠재적 중첩요인을 구체화하는 것이 쉽지 않기 때문에 자료가 수집되는 맥락에 대해 알 필요가 있다. [생각해보기 1.28]은 잠재적 중첩요인을 구체화하는 연습 기회를 제공한다.

생각해보기 1.28

21세기 초에 여러 연구자들은 관찰연구를 통해 흡연과 폐암 사이에 강한 양의 상관이 있음을 밝혔다. 권위 있는 통계학자인 피셔(R. A. Fisher)는 이러한 연구가 흡연이 폐암의 원인임을 증명한 것이 아니라 흡연이 가능한 중첩요인이 될 수 있음을 보여줄 뿐이라고 지적하였다. 잠재적 중첩요인 하나를 예로 들어 그것이 왜 연구결과를 해석하는데 혼란을 초래하는지 설명해 보시오.

유전자 연구의 선구자인 피셔는 유전이 일종의 중첩요인이 된다고 하였다. 그에 따르면 어떤 사람들은 담배의 화학물질에 중독되는 경향이 강한 유전자를 지니고 있을 수도 있다. 유감스럽게도 이와 같이 유전자가 폐암의 원인이 될 수도 있다. 따라서 유전은 잠재적 중첩요인이 된다. 일란성 쌍둥이에 대한 후속 연구를 예로 들면, 이 연구에서 쌍둥이 중 한 명은 흡연자, 다른 한명은 비흡연자였다. 흡연자가 비흡연자보다 폐암 발병률이 높았기 때문에 연구자들은 유전자를 중첩요인에서 제외시킬 수 있었다.

관찰연구의 한계 중 하나는 모든 중첩요인이 제거되었는지 보장할 수 없다는 것이다. 관찰연구를 통해 연관성을 드러내어 이를 수량화할 수는 있지만 연관성을 설명해주는 중첩요인은 언제든지 존재할 가능성이 있다. 점진적으로 연구자들은 잠재적 중첩요인을 구체화하여 이를 고려사항에서 제거할 수 있는 연구를 설계할 수 있게 되었다.

연구대상을 처치군에 무작위 할당함으로써 중첩요인을 통제할 수 있는데, 표본 크기가 충분히 크면 처치군과 대조군에 대하여 어떤 잠재적 중첩요인의 분포도 별 차이가 없을 것이기 때문이다. 예를 들면, 모든 그룹에서 여성의 비율은 거의 같을 것이며 연령의 분포도 별 차이가 없을 것이고 관찰하기 어렵거나 생각조차 못한 어떤 변수의 분포에도 별 차이가 없을 것이다. 즉, 두 그룹에서 의미 있는 차이는 두 그룹에 가해진 처치의 여부 또는 처치의 정도뿐이라고 합리적으로 확신할 수 있다.

일단 연구자가 연구대상을 다루기 시작하면, 연구자 자신도 각 그룹이 드러내는 차이에 영향을 미칠 가능성이 있음을 인지할 필요가 있다. 연구대상은 처치의 의도에 따라 반응하는 경향이 있으므로(*플라시보 효과*), 연구대상이 가능한 자신이 처치군에 속하는지 대조군에 속하는지 알지 못하도록 하는 것이 중요하다. 전문용어로 이를 *가림(blind)*이라고 부른다. 연구대상 자신이 어느 그룹에 속하는지 알지 못한다면 이들은 다르게 행동할 이유가 없다.

연구대상이 할당된 그룹의 차이만을 제외하면, 모든 연구대상은 동일한 특징을 갖도록 하는 것이 무엇보다 중요하다. 이를테면 어떤 백신이 감기 예방에 효과적인지 아닌지를 알아보는 연구에서 자신들이 백신 주사를 맞았다고 생각하는 연구대상은 그렇지 않다고 생각하는 연구대상보다 감기 예방 조치를 덜 취할 것이다. 가짜 처치인 *플라시보*가 자주 쓰이는데, 이를 통해 모든 연구대상은 자신들이 진짜 백신 주사를 맞았는지 플라시보 처치를 받았는지 알지 못하게 된다. 플라시보 처치가 효용성이 있기 위해서 연구대상은 자신들이 어떤 처치를 받았는지 몰라야만 한다. 종종, 특히 의학 분야에서 플라시보의 활용을 비윤리적인 것으로 여기는 경우도 있기 때문에 대조군에 속하는 연구대상에게는 (실험적 처치보다는) 표준적 처치를 가한다.

한 가지 다른 문제는, 연구대상의 반응을 측정하는 사람들이 플라시보 처치를 받은 사람이 누구이며 실제 처치를 받은 사람이 누구인지 안다면 연구대상을 다르게 대우할 수 있다는 것이다. 예를 들어, 의학 진단에서는 일정 부분 주관적 판단이 필요하며, 외과의사는 규정하기 어려운 여러 가지 요인을 염두에 두어야 한다. 만약 어떤 외과의사가, 자신의 환자 중 한 명이 잠재적으로 효과가 있는 처치를 받고 있음을 안다면 이 외과의사는 환자를 다르게 진단할 수도 있다. *이중가림* 연구는 연구대상이나 연구대상의 반응을 측정하는 사람들이, 실제 처치를 받은 사람은 누구이며 플라시보 처치를 받은 사람은 누구인지 알 수 없게 함으로써 위와 같은 현상이 발생하지 않도록 한다. 이와 같이 연구를 진행하는 것은 말처럼 쉬운 일이 아니지만, 여러 연구에서는 제 3의 집단이 연구대상에 할당된 처치의 종류를 기록해 두었다가 연구의 마지막 단계에서 이를 공개한다.

통제실험을 통해 크기가 큰 모집단에 대해 폭넓은 결론을 이끌어 내는 것은, 만약 연구대상을 그 모집단에서 무작위로 추출하지 않았다면 문제가 될 수 있다. 연구자들은 어떤 처치가 특정한 표본에 대하여 효과적이라는 결론을 내릴 수는 있지만, 이러한 결론을 다른 그룹에도 적용할 수 있는지 보장할 수는 없다. 의학 연구는 좀처럼 대표성을 띠는 표본을 사용하지 않으며, 실제로는 그 반대인 경우가 훨씬 더 많다. 대부분의 의학 연구는 복잡한 의학 조건을 가진 참가자, 예를 들어, 처치에 거의 반응하지 않을 것 같거나 처치가 참가자의 생명을 위협할 수 있다고 보이는 참가자를 차단하기 위해 "배제준거"를 활용한다. 이러한 이유 때문에, 실험에 참여한 연구대상들로부터 얻은 효과성에 비해 일반 사람들을 대상으로 한 의학 치료의 효과성이 낮다.

무작위 추출

필수 이해 4c. 무작위 추출로 모집단을 대표하는 표본을 생성할 수 있기 때문에 이렇게 선택한 표본의 특징은 크기가 큰 모집단의 특징으로 일반화할 수 있으며 추정의 불확실성도 수량화할 수 있다.

상식적으로 생각해 볼 때, 어떤 표본이 모집단을 대표하지 않는다면 표본으로부터 얻어진 결과를 모집단으로 일반화하려는 시도에 대해 의심을 품을 수밖에 없다. 예를 들어, 10대들이 휴대전화 문자를 보내는 습관에 대한 연구는 성인들이 속한 모집단으로 확장할 수 없다.

모집단을 대표하는 표본을 선택하는 적절한 방법은 표본을 구성하는 원소를 모집단에서 무작위로 고르는 것이다. 이렇게 선택된 표본도 당연히 모집단과는 동일하지 않다. 실제로 표본의 크기가 작을 때 모집단과 표본의 차이는 커질 수 있다(필수 이해 2a를 통해 앞서 논의되었던 내용을 참조하기 바란다). 무작위 표본을 활용함으로써 표본과 모집단 사이의 차이를 예측할 수 있으며 이를 수량화하여 표현할 수 있기 때문에 무작위 표본이 유용하다. 또한 어떤 **추정량**에 대하여 변이성은 표본의 크기가 클 때 작아지므로 표본의 크기가 커질수록 추정된 값은 모집단의 값에 가까워지는 경향이 있다(추정량은 핵심 아이디어 5의 주요 주제이다. 좀 더 상세한 설명을 위해 논의를 참조하기 바란다).

> 필수 이해 2a
> 모집단분포는 모집단을 구성하는 값들의 변이성을 설명한다.

> 핵심 아이디어 5
> 추정량을 평가하기 위해서는 편향, 정밀도, 표집 방법을 고려해야 한다.

대부분의 교과서에서 **표준오차(standard error)**를 구하는 공식과 추정량을 구하는 방법은 “무작위 표본”을 전제로 한다. 무작위 표본을 선택하는 데는 여러 가지 방법이 있으며, 통계 입문 과정에는 항상 다음 2가지 전제가 있다: (1) 표본을 구성하는 원소를 모집단에서 비복원으로 무작위 추출하며, (2) 모집단의 크기는 표본의 크기에 비해 상당히 크다(필수 이해 5h에 대한 논의에서 보다 상세히 설명한다).

> 필수 이해 5h
> 추정값의 정확도를 판단하는데 모집단의 크기에 대한 표본의 크기는 중요한 요인이 아니다.

비복원 추출은 어떤 표본의 구성 요소로 한 번 선택한 원소는 다시 선택하지 않는 방법이다. 비복원 추출에 의하면 크기가 같은 모든 표본을 선택할 가능성은 거의 같다. 실생활에서, 국가와 같이 복잡하고 규모가 큰 모집단에서 무작위 표본을 추출하는 것은 상당히 어려운 일이다. 통계학자들은 고도로 구조화된 모집단에서 이를 대표하는 표본을 추출하기 위해 다양한 표본 추출 전략을 개발하였다. 통계 입문 과정에서 이러한 표본 추출 방법을 다루지는 않지만 *층화표집*, *군집표집*, *계통표집*과 같은 방법에 대해 들어볼 기회가 있었을 수도 있다. 이는 모두 대표성이 있는 표본을 선택하는 방법이지만, 이러한 방법으로 선택한 자료로부터 얻은 통계량의 표준오차를 구하는 공식은 각기 다르다.

무작위 추출과 무작위 할당의 의미

필수 이해 4d. 무작위 추출과 무작위 할당은 서로 다르며, 자료로부터 도출할 수 있는 결론의 유형과 범위는 연구를 설계할 때 설정한 무작위 추출과 무작위 할당에 영향을 받는다.

통계에서 *무작위*라는 용어는 다양한 맥락에서 사용되지만, 2가지 주요 맥락은 모집단에서 개별 대상을 무작위로 선택하는 *무작위 추출*과 실험군에 연구대상을 무작위로 배정하는 *무작위 할당*이다. 이 두 용어는 서로 다른 매우 중요한 개념을 나타낸다. 학생들은 종종 이를 혼동하지만 이 용어가 서로 다른 결과를 이끌어 내기 때문에 구별하여 이해하는 것이 중요하다(Derry et al., 2000).

[그림 1.24]는 어떤 연구가 무작위 추출 또는 무작위 할당을 택하였는지에 따라 이끌어 낼 수 있는 결론의 유형이 어떻게 달라지는가를 요약한 것이다. 적절하게 설계된 실험에서 무작위 할당이 적용되었다면 제거된 변수 사이의 인과 관계를 추리할 수 있으며, 적어도 중첩요인의 역할을 최소화할 수 있다. 무작위 표본에 기초한 연구의 결론은 크기가 큰 모집단으로 일반화할 수 있다. 이론적으로는 어떤 연구가 이 두 가지 특징을 모두 가질 수는 있지만 항상 가능한 것은 아니다.

	무작위 추출한 경우	무작위 추출하지 않은 경우
무작위 할당한 경우	인과성을 추리할 수 있으며 표본에서 얻은 결론을 크기가 큰 모집단으로 일반화할 수 있다.	인과성을 추리할 수 있지만 표본에서 얻은 결론을 크기가 큰 모집단으로 일반화할 수 없다.
무작위 할당하지 않은 경우	표본에서 얻은 결론을 크기가 큰 모집단으로 일반화할 수 있지만 인과성을 추리할 수 없다.	표본에서 얻은 결론을 크기가 큰 모집단으로 일반화할 수 없으며 인과성을 추리할 수 없다.

[그림 1.24] 연구 설계에 따라 자료로부터 얻어낼 수 있는 결론

06 추정량 평가하기: 핵심 아이디어 5

핵심 아이디어 5. 추정량을 평가하기 위해서는 편향, 정밀도, 표집방법을 고려해야 한다.

> [역자 주] 추정량은 모수를 추정하는 공식을 나타내는 표본 통계량으로 추정값을 얻기 위해 고안된 함수를 말한다. 추정값은 표집에 의해 얻은 구체적인 값으로 실제 자료를 대입하여 계산한 통계량이다.

추정량을 통해 모수의 근삿값을 구하지만 **추정량(estimator)**과 추정값(estimate)이 얼마나 적절한지 어떻게 평가할 수 있을까? 예를 들어, 가장 자주 사용하는 통계량에는 표본평균과 표본표준편차가 있는데 각각 모평균과 모표준편차를 추정하는 데 활용한다. 그러나 중심과 변이성의 척도에는 표본평균과 표본표준편차만 있는 것이 아니므로 여러 추정량의 질을 어떻게 비교하고 평가할 것인가?

> ☞ 필수 이해 2c
> 표본 통계량의 표집분포는 통계량의 값들이 표본마다 얼마나 다른지 설명한다.

필수 이해 2c의 주제인 표집분포를 통해 표본 통계량의 특징을 알아볼 수 있으며 특정한 통계량이 모수의 추정량으로 적절한지 평가할 수 있다. 예를 들어, 표집분포의 중심을 통해 추정량으로부터 얻을 수 있는 전형적인 값이 얼마인지 알 수 있다. 또한 표집분포의 중심이 모집단의 값에 매우 가까우면 추정에 사용되는 추정량이 정확하다는 것을 알 수 있다. 표집분포의 퍼짐에 따라 추정 과정의 **정밀도**를 측정할 수 있다. 어떤 통계량의 표집분포에서 변이성이 크면, 표본에 따라 추정값이 매우 다르게 나타나기 때문에 이 통계량은 정밀도가 낮다.

> 단순 무작위 표본과 표집분포에 대한 기본적인 논의를 위해서는 「통계의 필수 이해: 6–8학년(Kader and Jacobbe, 2013)」을 참조하시오.

앞서 자료를 적절하게 수집하는 것이 얼마나 중요한지를 강조하였다. 통계적 방법이라는 것은 활용 가능하지만 불완전한 정보에 기초하여 모집단의 특징이나 어떤 반응에 대한 실험처치의 효과와 관련되는 결론을 유도한다는 사실에 주목하라. 이러한 결론은 불완전한 정보를 토대로 하기 때문에, 오류를 범할 위험이 있다는 것을 염두에 두어야 하며 이러한 위험을 수량화할 수 있어야 한다. 무작위 추출 및 무작위 할당과 같은 자료수집 방법이 지닌 특징 때문에 오류를 범하게 될 위험을 수량화할 수 있다. 오류를 범할 위험을 수량화할 때 이러한 특징에 덧붙여 표본의 크기를 필수적으로 고려하여야 한다.

표집과 관련된 기본 개념은 어렵다. 상대적으로 크기가 작은 표본을 통해 전체 모집단의 특징을 정확하게 추정할 수 있다는 아이디어를 이해하는 것은 쉽지 않다. 즉, 표본으로부터 얻은 정보를 모집단으로 적절히 일반화하는 방법에 대해 의문을 가질 수 있다. 표집과 관련된 또 다른 오해에는 모집단의 크기가 커지면 표본의 크기도 커져야 한다는 것이다.

위와 같은 생각은 두 요소(표집 방법과 표본의 크기) 또는 이 두 요소 사이의 상호작용에 대한 이해와 관련된다. 표집 전략을 적절하게 설계하면 표본의 크기가 상대적으로 작아도 모집단의 특징을 일반화할 수 있다. 실제로 크기가 큰 표본은 부적절한 계획에 의해 선택되는 경우가 많은데, 이는 적절하게 설계된 방법으로 선택한 작은 표본보다 오히려 잘못된 결과를 유도할 수 있다. 여덟 가지의 필수 이해를 통해 추정량, 정밀도, 표본 크기의 관계를 설명함으로써 핵심 아이디어 5를 다루고자 한다.

추정량의 질

필수 이해 5a. 추정량은 표집을 반복하여 평가한다.

통계 입문 과정에서 다루는 추정량은 많지 않다. 예를 들어, 학생들은 모집단분포의 중심에 대한 측도인 모평균을 추정하기 위해 표본평균을 활용한다. 또한 학생들은 변이성의 측도인 모표준편차를 추정하기 위해 표본표준편차를 사용한다. 그러나

중앙값과 같이 중심에 대한 다른 측도, 사분위수와 같이 퍼짐에 대한 다른 측도에 더 익숙할 수도 있다. 어떻게 이러한 추정량의 질을 비교하고 평가할 수 있을까?

한 가지 방법은 추정량을 어떻게 유도하였으며 그 내력은 어떠한지를 살펴보는 것이다. 추정량 중에는 수학적 전략을 통해 유도되는 것이 있다(예, 회귀분석에서 최소제곱법은 기울기와 절편을 추정하는데 활용된다). 그러나 결국 가장 중요한 것은 이러한 추정량이 적절한지 그렇지 않은지가 문제이다. 무작위 표집이 중요한 이유 중 하나는 무작위 표집을 통해 추정의 불확실성을 수량화할 수 있으며 추정량으로 활용된 통계량을 평가할 수 있기 때문이다.

또 다른 접근은 모집단에서 표본을 반복 추출하였을 때 추정량이 어떻게 변하는지 살펴보는 것이다. 실생활에서는 표본이 한 개인 경우가 보통이지만, 표집분포를 통해 무작위 표본을 반복 추출하면 어떤 일이 발생하는지 알아보는 방법을 터득할 수 있다. [생각해보기 1.29]를 통해 모집단의 특징에 대한 여러 가지 추정량이 존재하는 적절한 상황에 대해 살펴보자.

생각해보기 1.29

2차 세계대전 당시 미정보국은 독일에서 생산된 전차에 1부터 순서대로 일련번호가 붙어 있다는 것을 알아내었다. 이 일련번호를 이용하면 독일에서 얼마나 많은 전차가 생산되는지 정보를 얻을 수 있다. 일련번호 10개를 가지고 있는데, 이는 독일에서 생산된 전차의 모집단에서 무작위로 추출된 표본이라고 가정하자.

a. 독일에서 생산된 전차가 모두 몇 대나 되는지 추정하는 서로 다른 두 가지 방법을 생각해 보시오.
b. 독일에서 생산된 전차가 모두 몇 대인지 모른다면, 어떤 추정량이 더 적절한지 결정할 수 있겠습니까?
c. 이 경우에 "더 적절하다는 것"은 어떤 의미입니까?

모집단의 최댓값을 추정하는데 사용된 통계량은 표본의 최댓값이다. 여기에서 활용한 "전략"은 매우 당연한 것처럼 보인다. 많은 학생들이 생각하듯이 대칭분포에서는 표본평균에 표준편차의 3배를 더한 값보다 큰 값이 거의 없으므로, 표본의 최댓값은 모집단의 최댓값에 대한 좋은 추정값이라고 볼 수 있다. 이외에도 추정량에 대한 여러 대안이 존재하며 학생들은 이러한 대안을 쉽게 찾을 수도 있다.

어떤 추정량이 가장 적절한지 알아보기 위한 대회를 개최한다면 실제 값에 가장 가까운 추정량이 우승할 것이라고 생각하기 쉽다. 그러나 추정량의 값은 하나의 무작위 표본에서 얻은 자료로부터 구한 것이고 추정량의 값은 표본이 달라질 때마다 각기 다르다. 하나의 특정한 표본에서 얻은 값이 우연히 모수와 가깝다는 이유만으로 우승자가 될 수는 없다. 보편적으로 적절하게 적용할 수 있는 방법으로 추정량을 결정한 사람이 우승자가 되어야 한다. 즉, 특정한 하나의 "운 좋은" 표본에서만 적용가능한 방법이 아니라 전반적으로 적용할 수 있는 안정적인 방법을 제시한 사람이 우승자가 되어야 한다.

추정량의 잠재적 편향

필수 이해 5b. 일부 추정량은 편향되어 있다.

다음은 통계학자들에게 유명한 농담이다. 통계학자 세 명이 오리 사냥을 갔다. 오리 한 마리가 머리 위로 날아갔다. 첫 번째 통계학자가 총을 쏘았지만 총알은 오리의 1m 위로 날아갔다. 거의 동시에 두 번째 통계학자가 총을 쏘았지만 이번에 총알은 오리의 1m 아래로 날아갔다. 세 번째 통계학자가 "그렇지, 이제 잡았네." 하고 외쳤다.

이 농담은 통계에서 매우 중요한 개념인 **편향**을 이해한 사람에게만 웃음을 줄 것이며 의미를 가질 것이다. 편향은 평균적으로 총알이 오리로부터 얼마나 가까운지를 측정한다. 전문 용어를 빌리자면, 어떤 통계량의 편향은 통계량에 대한 표집분포의 평균과 이 통계량을 통해 추정하고자 하는 실제 모수 값의 차이다(표집분포에 대한 상세한 설명은 앞서 살펴본 필수 이해 2c에 대한 논의를 참조하기 바란다). 일반적으로 통계에서는 **비편향추정량**(평균적으로 모수 값과 같은 통계량)을 얻고자 한다. 사냥을 나간 통계학자들은 자신들이 쏜 총알이 편향되지 않았기 때문에 매우 만족하였다. 첫 번째 통계학자가 쏜 총알은 오리의 1m 위로(+1), 두 번째 통계학자가 쏜 총알은 오리의 1m 아래로(-1) 날아갔기 때문에 평균적으로 두 통계학자는 오리를 맞추게 된다. [생각해보기 1.30]은 모집단의 최댓값에 대한 추정량으로 표본의 최댓값을 사용하는 상황에서 편향을 고려할 필요가 있음을 지적한다.

필수 이해 2c
표본 통계량의 표집분포는 통계량의 값들이 표본마다 얼마나 다른지 설명한다.

생각해보기 1.30

전차의 일련번호에 대한 표본에서 최댓값을 모집단에 있는 전차의 일련번호에 대한 최댓값으로 사용한다면 이 값은 *편향되어 있지 않습니까*, 아니면 *큰 쪽으로 편향되어 있습니까*(원래 값보다 큰 경향이 있습니까), *작은 쪽으로 편향되어 있습니까*(원래 값보다 작은 경향이 있습니까)?

어떤 표본의 최댓값은 모집단의 최댓값보다 절대 클 수 없다. 표본의 최댓값은 커봐야 모집단의 최댓값과 같으며 이러한 경우는 좀처럼 일어나지 않는다. 즉, 표본의 최댓값은 일반적으로 모집단의 최댓값보다 작을 것이므로 표본의 최댓값이라는 추정량은 *작은 쪽으로 편향된다*. 이러한 편향은 표본을 반복 추출해야만 관찰할 수 있는 성질이라는 것을 아는 것이 중요하다. 전차의 예에서 구한 추정량이 모집단의 값과 정확하게 같을지라도(물론 이런 일은 거의 일어날 것 같지는 않지만), 이는 보편적인 결과는 아니다.

모평균을 추정하기 위해 사용하는 표본평균은 비편향 통계량의 예이다. 이에 대해 알아보기 위해 캘리포니아 여러 고등학교의 1915년 학업수행지표(Academic Performance Index, API) 점수로 이루어진 모집단을 생각해 보자(이 점수는 캘리포니아의 모든 고등학교에 대한 점수는 아니다). 이 모집단의 평균점수는 655이다. [그림 1.25]는 시뮬레이션을 진행한 결과로, 각 점은 고등학교 10개로 이루어진 무작위 표본의 평균 API 점수를 나타낸다. [그림 1.25]의 점그래프는 표본평균의 표집분포에 근사하며 중심이 655이다. 일반적으로 실제 모평균은 표본평균의 표집분포에서 중심이다. 표집분포의 중심이 모평균 값과 같기 때문에 표본평균은 비편향추정량이다.

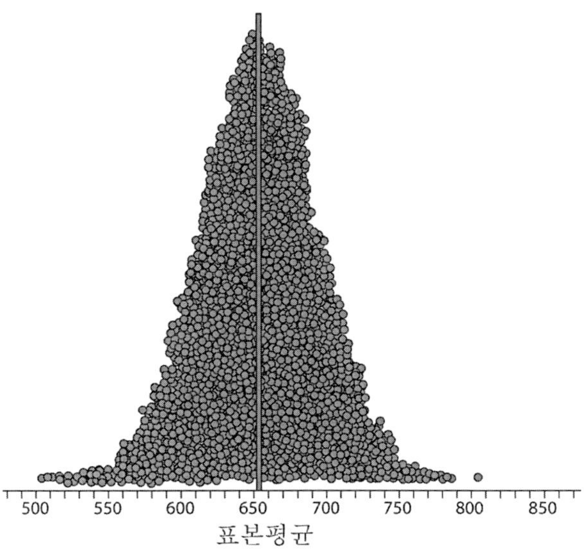

[그림 1.25] 표본평균의 근사표집분포

일반적으로 통계학자들은 같은 모수에 대한 여러 추정량 중에서 편향이 가장 작은 것을 선호한다. 예를 들어, 다음과 같은 모분산의 추정량 s^2 을 생각해보자.

$$s^2 = \frac{\sum(x-\overline{x})^2}{n-1}$$

위 식에서 나누는 값이 왜 n 이 아니라 $n-1$ (표본 크기에서 1을 뺀 값)인지 의문스러울 것이다. 그 이유는 위의 식과 같이 구한 s^2 이 편향되지 않기 때문이다. 나누는 값이 n 인 추정량은 다음 인수만큼 편향된다.

$$\frac{n-1}{n}$$

s (s^2 의 양의 제곱근)는 편향되지만 모표준편차에 대한 우선적인 추정값은 s 이다. 그 이유는 다른 추정량과 비교했을 때 s 에 존재하는 편향이 작으며, 나누는 값이 n 인 경우보다도 작아지기 때문이다.

여러 맥락에서 정확도를 나타낼 때 편향을 고려하는 것이 유용하다. 앞서 살펴본 예에서 정확한 오리 사냥꾼은 여러 번 총을 쏘더라도 오리를 맞추는 사람이 될 것이다. 편향은 하나의 통계량이 여러 표본에 걸쳐 변하는 일반적 경향을 나타낸다. 실제 상황에서는 표본이 하나일 수밖에 없고, 어떤 추정량이 편향되는지 알아보기 위해 하나의 표본에서 얻은 결과를 사용할 수는 없다. 표본 간에 무작위 변이가 존재하기 때문에 너무 큰 값(또는 너무 작은 값)을 얻을 수도 있다. 따라서 편향에 대한 정보는 이론적 근거나 시뮬레이션 결과에 기초하여 제시되어야 한다.

표준오차와 편향에 근거한 정밀도

필수 이해 5c. 표준오차는 추정량의 정밀도를 나타낸다.

추정량의 변이성은 표집분포의 표준편차를 통해 측정되는데,

이 때 표집분포의 표준편차를 **표준오차(standard error)**라고 한다. 표준오차를 활용하여 어떤 통계량의 표본 간 변이성을 측정할 수 있다. 표준오차는 표본이 바뀔 때마다 추정량의 값이 얼마나 많이 변하는지를 예측할 수 있게 도와주기 때문에 유용한 측도라고 볼 수 있다. 예를 들어, [그림 1.25]에서 API 점수에 대한 표본평균 10,000개의 표준편차는 38.3이다. 이 때 학교 10개를 무작위로 선택하면 이 표본의 평균은 655의 근방에 있을 것으로 예측할 수 있는데, 이는 표본평균이 모평균의 비편향추정량이기 때문이다. 그러나 여러 개의 표본평균은 모두 다르며, 일반적으로 655로부터 38.3만큼 떨어진 지점에 위치한다.

여러 추정량에 대한 표준오차는 이론적 근거에 비추어 추정한다. 예를 들어 필수 이해 2d에 대한 논의에서 표본평균에 대한 표집분포의 표준편차(표본평균의 표준오차라고도 불리는)는 근사적으로 다음과 같은 값이 된다는 것을 알았다.

필수 이해 2d
시뮬레이션을 사용하여 표집분포를 근사할 수 있다.

$$SE_{\bar{x}} = \frac{s}{\sqrt{n}}$$

(단, s 는 크기가 n 인 무작위 표본의 표준편차)

위 공식은 표본평균을 이용하여 모집단의 API 점수에 대한 평균을 추정하기 위하여 표준오차의 근삿값을 계산할 때 활용한다. 고등학교 10개의 API 점수가 다음과 같다고 가정하자.

655 840 686 618 644 795 433 739 514 576

이들 점수에 대한 표본평균 $\bar{x} = 650.0$ 이고, 표본표준편차는 $s = 124.047$ 이다. 따라서 표준오차의 근삿값은 다음과 같다.

$$SE_{\bar{x}} = \frac{s}{\sqrt{n}} = \frac{124.047}{\sqrt{10}} = 39.2$$

이 결과는 시뮬레이션을 통해 얻은 표준편차의 값과 매우 가깝다.

표본평균의 표준오차를 구하는 공식은 유용한 정보를 제공한다. 이 공식은 표본의 크기가 커지면 추정량 값들 사이에 존재하는 변이성이 작아진다는 것을 보여준다. 표준오차는 추정량의 정밀도를 재는 측도로 활용할 수 있다. 표준오차가 작아질수록 추정량의 정밀도는 높아진다. 즉, 표본평균의 표준오차가 작으면 표본평균의 값이 표본마다 크게 다르지 않으며 표본평균의 값이 실제 모평균 값의 근방에 몰려있게 된다.

$$SE_{\bar{x}} = \frac{s}{\sqrt{n}}$$

위 공식은 표본평균과 관련하여 표본의 크기 n 이 커지면 표본오차가 작아지므로 추정량의 정밀도가 높아진다는 것을 보여준다.

일반적으로 여러 추정량에 대한 표준오차는 표본평균의 경우만큼 간단하게 구해지지는 않는다. 예를 들어, 표본 중앙값의 표준오차는 모집단분포의 모양에 따라 복잡한 방법을 통해 구해야 하며 공식을 적용하여 추정하는 것이 쉽지는 않다.

대부분의 맥락에서 선호되는 추정량은 편향이 전혀 없으면서(또는 약간만 있으면서) 표준오차가 작은 것이다. 표본평균이 널리 활용되는 이유가 여기에 있다. 무작위 표본의 표본평균은 비편향추정량이고, 표본의 크기를 크게해서 표준오차를 적절히 작게 만들 수 있다. [생각해보기 1.31]은 독일 전차 상황을 예로 들어 추정량을 비교할 때 편향과 정밀도를 어떻게 활용할 수 있을지를 살펴보면서 [그림 1.26]의 근사표집분포를 검토하도록 한다.

생각해보기 1.31

[그림 1.26]은 일련번호의 최댓값이 562인 독일 전차의 모집단에서 추출된 표본의 근사표집분포를 나타낸다. "전차" 일곱 대가 있는 무작위 표본을 1,000번 반복하여 추출하는 시뮬레이션을 진행하였다. [그림 1.26]은 독일 전차의 최대 일련번호에 대한 서로 다른 세 가지 추정량의 근사표집분포를 나타낸다. 실제로 전차 전체는 562대이며 각 그래프에서 세로선이 그 값을 나타낸다. 각 점은 전차 일곱 대가 있는 서로 다른 무작위 표본을 나타낸다. 가장 좋은 추정량은 어떤 것입니까? 왜 그렇게 생각합니까?

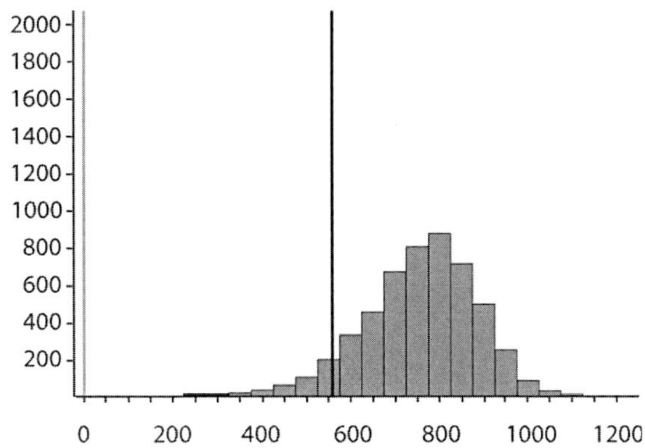

(평균) + (표준편차의 3배)
(a)

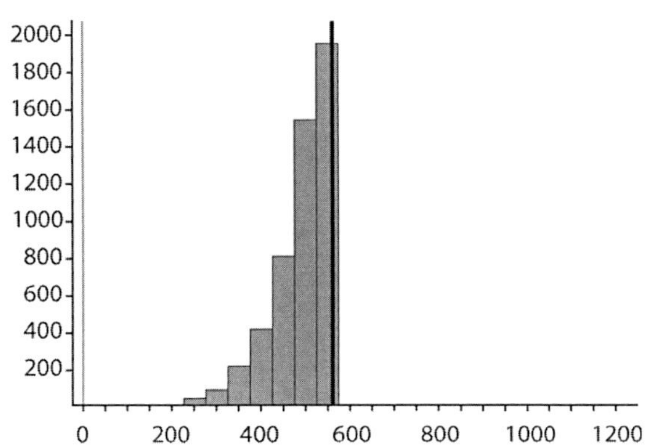

최대값
(b)

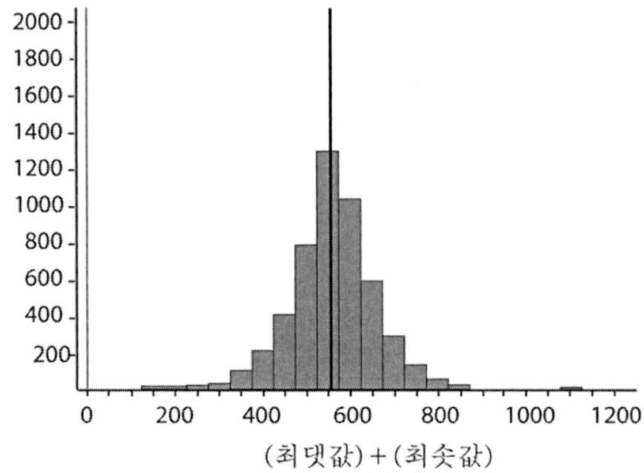

(c)

[그림 1.26] (a) 표본평균과 표준편차 3배의 합에 대한 근사표집분포, (b) 표본의 최댓값에 대한 근사표집분포, (c) 표본의 최댓값과 최솟값의 합에 대한 근사표집분포

추정량을 평가할 때는 편향과 표준오차를 모두 고려한다. 편향이 작고 정밀도가 높은 추정량을 일반적으로 선호한다. 모집단의 최댓값을 추정하기 위하여 표본평균과 표준편차 3배의 합을 사용하게 되면 추정값이 너무 커지게 되는데, [그림 1.26]의 (a)에 있는 표집분포의 평균은 약 755로 편향이 193이나 된다. 또한 [그림 1.26]의 (a)에서 얻은 표본평균의 표준편차를 활용하여 이 추정량에 대한 근사표준오차를 구하면 대략 119가 된다. 한편, 앞서 살펴보았듯이 표본의 최댓값은 대략 (500-562)정도, 즉 -62정도 작은 쪽으로 편향된다([그림 1.26]의 (b)를 참조하기 바란다).

표본의 최댓값과 최솟값을 합한 세 번째 추정량([그림 1.26]의 (c))은 편향되어 있지 않다. 이 추정량의 표준오차는 대략 92정도이다. 세 번째 추정량의 표준오차가 가장 작은 것은 아니지만 추정량이 편향되어 있지 않으며 표준오차가 상대적으로 작기 때문에 여러 맥락에서 이 추정량을 선호하게 된다.

실제로 이 세 번째 추정량이 편향되지 않을 것은 예측가능하다. 표본의 최댓값은 작은 쪽으로 편향되는데, 얼마나 작아지는 경향이 있을까? 표본의 최댓값과 모집단의 최댓값 사이의 차이는 표본의 최솟값과 모집단의 최솟값 사이의 차이 정도가 될 것이다. 따라서 표본의 최댓값에 표본의 최솟값을 더함으로써, 표본의 최댓값만을 추정량으로 사용하였을 때 나타나는 작은 쪽으로의 편향을 "상쇄"시킬 수 있다. (실제로, 독일 전차 맥락에는 "가장 좋은" 추정량이 존재하는데 이 추정량은 편향되지 않으며 최고의 정밀도를 갖는다. http://en.wikipedia.org/wiki/German_tank_problem에서 독일 전차 문제를 검색해 보기 바란다.)

추정량으로서 신뢰구간

> 필수 이해 5d. 신뢰구간은 정밀도에 대한 정보를 알려주는 추정량이다.

추정량의 변이성을 측정할 때는 표준오차를 활용하여 **신뢰구간**을 구함으로써 모수가 "있을 법한" 범위를 찾는다. 신뢰구간의 길이는 부분적으로 표준오차에 의해 결정되지만 구간의 신뢰수준에도 영향을 받는다. 신뢰구간 추정값은 표본 자료를 활용하여 구하기 때문에 이 신뢰구간이 추정하고자 하는 모수의 실제 값을 포함한다고 주장할 때는 항상 틀릴 가능성이 존재한다. **신뢰수준**은 이와 같이 틀릴 가능성을 수량화하는데, 보통 90%, 95%, 99%의 신뢰수준을 사용한다. 90% 신뢰구간이라는 말은, 그 상황의 90%에서는 "옳고" 10%에서는 "틀리게" 되는 방법을 사용하였다는 뜻이다.

예를 들어, www.rossmanchance.com에서 제공하는 애플릿으로 [그림 1.27]을 그리기 위해서는 고등학교 API 점수 모집단에서 표본의 크기가 10인 100개의 무작위 표본을 택해야 한다. 각각의 무작위 표본에 대하여 API 점수 평균에 대한 90% 신뢰구간을 구하면 신뢰구간 100개 중 대략 90% 정도는 실제 평균인 655점을 포함하는데, 시뮬레이션 결과로부터 이를 확인할 수 있다. [그림 1.27]의 특정 시뮬레이션 결과는 신뢰구간 8개만 655를 포함하지 않지만, 일반적으로 신뢰구간 중 10%는 모평균 655를 포함하지 않을 수 있다.

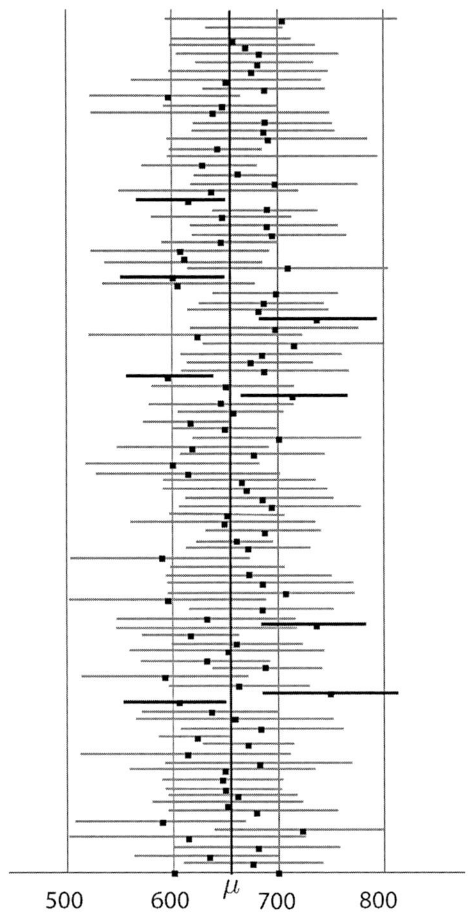

[그림 1.27] API 점수 모집단에서 표본의 크기가 10인 무작위 표본 100개를 추출하여 구한 90% 신뢰구간 100개

신뢰구간 추정값은 다음과 같이 구간의 형태로 나타낸다.

(통계량) ± (오차범위)

비형식적으로 생각해 보자면, **오차범위(margin of error)**는 가능한 추정 오차의 최댓값으로 실제 모수 값과 표본 통계량의 차에 대한 최댓값을 말한다. 오차범위를 형식적으로 다음과 같이 정의한다.

$$K \cdot (\text{통계량의 표준오차})$$

위에서 K는 통계량의 표집분포와 신뢰수준에 의해 결정되는 수이다.

오차범위에 대해 두 가지 사실에 주목할 필요가 있다. 첫째, K는 신뢰수준에 대한 함수이다. 신뢰수준을 높이면 K의 값은 커지므로 오차범위도 커진다. 이러한 특징은 어쩌면 당연하다. 왜냐하면 높은 신뢰수준은 신뢰구간이 실제 모집단의 값을 더 자주 포함하여 선택한 방법이 "타당"하다는 것을 의미하는데, 이는 신뢰구간을 넓힘으로써 가능하기 때문이다. 둘째, 통계량의 표준오차는 표본 크기의 함수로, 표본 크기가 커지면 표준오차가 작아진다는 점을 기억할 필요가 있다. 이는 특정 신뢰구간에 대하여 표본의 크기를 크게하면 오차범위가 작아지므로 신뢰구간이 좁아져서 좀 더 정밀한 결과를 얻을 수 있다는 것을 의미한다.

본 책에서 신뢰구간을 계산하는 방법을 자세히 다루는 것은 어렵지만 신뢰구간 추정과 신뢰수준에 대한 개념적 이해는 무엇보다 중요하다. 신뢰구간의 길이를 통해 추정값의 정밀도에 대한 정보를 얻을 수 있다. 예를 들어, 고등학생들이 주중에 인터넷을 사용하는 시간의 평균에 대한 95% 신뢰구간이 (4.2, 23.6)이라고 하자. 이 구간은 실제 평균이 4.2시간과 23.6시간 사이에 있을 것이라고 알려주기는 하지만 구간의 길이가 너무 길어서 실제 평균 시간에 대한 정밀한 추정값을 제공하지는 못한다. 반면, (17.4, 18.1)이라는 95% 신뢰구간이 있다면 이는 모집단의 평균에 대해 좀 더 의미 있는 추정값을 제공한다. [생각해보기 1.32]에서 100% 신뢰수준을 사용하지 않는 이유에 대하여 생각해보자.

생각해보기 1.32

신뢰수준 95%로 만족하는 이유는 무엇입니까? 100% 신뢰수준을 사용하지 않는 이유는 무엇입니까?

100% 신뢰수준은 무한히 긴 구간인 ($-\infty$, $+\infty$)을 택함으로써 자명하게 도달할 수 있다. 이 구간은 100% 포함확률을 산출하기는 하지만 추정하고자 하는 모수 값에 대해 어떤 것도 설명해주지 않기 때문에 "유용성" 면에서 보면 문제가 있다. 신뢰구간이 좁아지면 더 많은 정보를 얻을 수 있지만 신뢰수준이 낮아진다. 신뢰수준이 10%인 구간은 모수의 위치를 매우 정밀하게 알려주지만, 모든 무작위 표본 중 90%는 모집단을 추정하는데 실패하기 때문에 이 정확한 추정값은 아마도 쓸모가 없을 것이다. 여러 맥락에서 정밀도와 신뢰도 사이에 적절한 균형을 유지하기 위해 95% 신뢰수준을 활용한다.

신뢰구간과 관련하여 학생들이 어려워하는 다른 아이디어는, 신뢰수준이 개별 구간의 질에 대한 측도가 아니라 신뢰구간을 구하는 *방법*의 질에 대한 측도라는 것이다. 이와 같이 불분명한 차이로 인해 신뢰구간 (570, 758)이 "캘리포니아 고등학교 API 점수의 실제 모평균을 포함할 확률은 95%이다"라는 잘못된 말을 통계학자들은 자주 듣는다. 이러한 설명은 특정 구간 (570, 758)을 확률과 관련시키고 있지만, 사실은 신뢰구간을 구하기 위해 사용한 무작위 표본을 모집단에서 추출하는 과정에 대해 확률을 이야기해야 한다.

신뢰수준을 어떻게 해석할 것인가에 대한 이해를 돕기 위하여 비유를 들어보자. 어떤 자동차 공장의 정품률이 95%라고 하자. 즉, 이 공장에서 생산하는 자동차의 95%가 정상인 성능을 가졌다고 하자. 그러나 이는 이 공장에서 생산한 자동차 한 대가 95% 정도로 정상인 성능을 가졌다는 것을 의미하지는 않는다. [생각해보기 1.33]에서 95% 신뢰수준의 의미를 생각해보자.

생각해보기 1.33

고등학교 중에서 무작위 표본 한 개를 택하여 캘리포니아 고등학교 API 점수의 평균에 대한 95% 신뢰구간 (570, 758)을 얻었다. "이 구간이 95% 정도로 적절하다"고 말하는 것은 왜 잘못되었습니까?

앞에서 가정한 자동차 공장의 예에서 생산된 자동차의 5%는 불량품이다. 이 공장에서 생산한 자동차 한 대를 구입하였다면 이 자동차는 불량품 아니면 정품이다. 이러한 상황에서 확률은 아무 의미가 없다. 자동차를 운전해보면 이 자동차가 불량품인지 정품인지 알 수 있기 때문이다. (단순화를 위해 "불량품"인 자동차는 이 자동차가 불량품이라는 사실을 단번에 알 수 있다고 하자.) "새 자동차가 정품일 가능성이 95%"라고 말하는 것은 자동차에 변이성이 존재한다는 것을 의미한다. 자동차는 갑자기 다른 자동차로 변하지 않기 때문에 시간이 지남에 따라 자동차의 성능이 변하는 경우에만 이와 같은 변이성이 존재한다고 할 수 있다. 간혹 자동차를 수리해야 할 일이 생길 수는 있지만 어떤 자동차 한 대가 5%의 결함을 지니고 있으며 95%는 결함이 없다고 말하는 것은 잘못된 것이다.

신뢰구간도 마찬가지이다. 신뢰구간은 고정된 크기의 무작위 표본이 무한히 제공되는 "공장"에서 생산된다. 신뢰구간 중에 하나를 "구입하면" 그 구간은 불량품 아니면 정품이다. 일단 무작위 표본이 정해지면 이 구간은 변하지 않기 때문에 확률을 "언급할"만한 변이성이 존재하지 않는다. 이것이 "95%"라는 확률을 신뢰구간의 생산 방법과 관련하여 다루는 이유이다. 즉, 그 방법이 적절한 구간을 생산하였을 가능성이 95%라고 말할 수는 있지만, 이러한 방법에 의해 만들어진 특정 신뢰구간을 이 확률과 관련시킬 수는 없다.

표집 방법과 표본 크기에 근거한 정밀도

> 필수 이해 5e. 추정량의 정밀도는 표집 방법과 표본 크기에 따라 달라진다.

모집단에서 개별 대상을 무작위로 추출하면 모집단을 대표하는 표본을 생성하게 된다. 무작위 추출 방법, 즉, *표집 전략*에는 여러 가지 다양한 유형이 있다. 단순 무작위 표집과 층화 무작위 표집은 여러 가능한 전략 중 일부일 뿐이다. 단순 무작위 표집에서 크기가 n 인 표본을 모집단에서 추출할 때 모집단의 개별 대상이 선택될 가능성은 모두 같아야 한다. 큰 규모의 연구에서 단순 무작위 표집을 사용하지 않는 이유는, 실행하기 쉽거나 좀 더 정밀한 추정값을 얻을 수 있는 다른 표집 방법이 존재하기 때문이다. 그러나 단순 무작위 표집은 다른 여러 표집 방법의 토대가 된다.

층화 무작위 표집을 통해 연구자는 추가 정보를 활용하여 표본을 추출함으로써 모수에 대해 좀 더 정밀한 추정값을 얻을 수 있다. **층화 무작위 표본**은 모집단을 **층(strata)**이라고 부르는 서로소인 부분집합으로 나눈 후 각 부분집합으로부터 추출하여 얻은 단순 무작위 표본을 말한다. 주목하는 반응변수와 관련하여 가능한 한 비슷한 성격을 갖는 개별 대상을 묶는 방법으로 층을 결정한다. 실제로는 반응변수와 연관이 있어 보이는 특징에 따라 층을 나눈다. 예를 들어, 어떤 설문조사에서 연구자들이 비슷한 수입을 갖는 사람은 설문에 비슷하게 응답할 것이라고 생각한다면 층을 수입에 따라 나눌 수도 있다. [생각해보기 1.34]를 통해 층화 무작위 표집에서 층을 적절히 나누는 방법에 대해 생각해 보자.

생각해보기 1.34

고등학생들이 매달 보내는 휴대전화 문자 메시지의 개수를 알아보기 위해 표본을 추출하고자 한다면 어떻게 층을 나누겠습니까?

예를 들어, 고등학생들이 보내는 휴대전화 문자 메시지의 개수를 알아보는 연구에서 학생 1인당 평균 문자 메시지의 개수는 얼마나 되는지 구한다고 하자. 이 개수는 남학생과 여학생 사이에 상당한 차이가 있을 것이며 학년에 따라서도 달라질 것이다. 단순 무작위 표집에는 이러한 추가 정보를 반영할 수가 없다. 그러나 층화 무작위 표집을 활용하여 학생들을 성별이나 학년에 따라 나눈 다음 각각에서 표본을 추출할 수 있다. 남학생과 여학생이 문자 메시지를 사용하는 성향에 차이가 있다면, 층화 표집 전략을 사용함으로써 주목하는 변수인 문자 메시지의 개수와 관련하여 좀 더 동일한 집단으로 층을 나누어 표본을 추출할 수 있으므로 전체 학생 모집단을 활용하는 것보다 장점이 있다. 반응변수와 무관한 어떤 변수에 따라 층을 나누는 것은 단순 무작위 표집보다 더 효과적이라고 볼 수는 없다. 반대로 적절하게 층을 나누게 되면 전체 표본의 크기가 같은 단순 무작위 표집과 비교해 볼 때, 표본 간 변이성을 작게 만들 수 있으며 좀 더 정밀한 추정값을 얻을 수 있다.

표본 크기 역시 추정값의 정밀도를 결정하는데 중요한 역할을 한다. [그림 1.28]은 표본 크기 10, 20, 40, 80에 대하여 1,000개의 표본평균에 대한 근사표집분포를 나타낸 것이다. [생각해보기 1.35]에서는 [그림 1.28]을 살펴봄으로써 표본 간 변이성에 표본 크기가 미치는 영향을 알아본다.

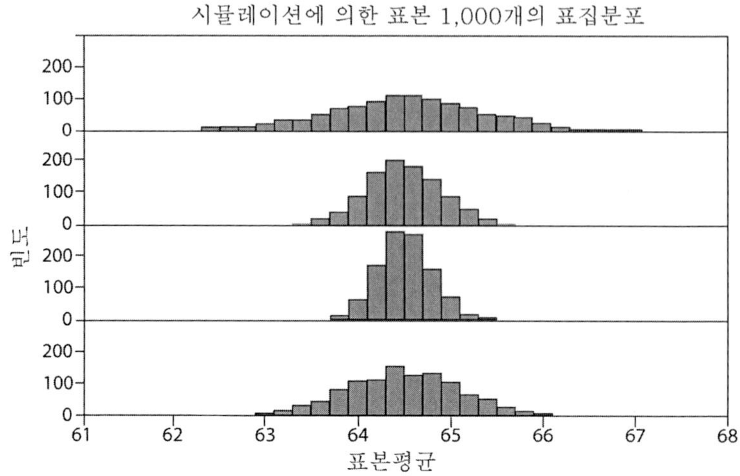

[그림 1.28] 표본 크기 10, 20, 40, 80에 대하여 1,000개의 표본평균에 대한 근사표집분포

생각해보기 1.34

[그림 1.28]에서 표본 크기가 10인 표집분포는 어떤 것입니까? 또한 표본 크기가 20, 40인 표집분포는 각각 어떤 것입니까? 왜 그렇게 생각했습니까?

표본 크기가 커짐에 따라 표본평균에 대한 표집분포의 표준편차는 작아진다. 따라서 [그림 1.28]의 근사표집분포에서 표본 크기는 위에서부터 차례로 10, 40, 80, 20이 된다. 표본 크기가 가장 작은 경우에 표본평균에 대한 표집분포의 표준편차가 가장 크고, 표본 크기가 가장 큰 경우에 표본평균에 대한 표집분포의 표준편차가 가장 작다는 점에 주목하자. 이처럼 표본 크기가 가장 큰 경우(이 사례에서는 $n = 80$)에 모평균에 대해 가장 정밀한 추정값을 구할 수 있으며, 표본 크기가 가장 작은 경우($n = 10$)에 가장 정밀하지 않은 추정값을 얻는다. 추정값의 정밀도를 높이기 위해서는 잘 설계된 표집 방법을 통해 가능한 큰 표본을 선택하는 것이 중요하다.

표본 크기

필수 이해 5f. 표집 방법이 적절하다면 큰 표본이 작은 표본보다 항상 유용하다.

앞서 논의한 것처럼, 작은 표본보다 큰 표본을 통해 좀 더 정밀한 추정값을 얻을 수 있다. 그렇다면 왜 통계 입문 교재들은 특정한 방법을 통해 얻은 모수에 대한 주장이나 추정값을 평가할 때 반드시 표본 크기가 모집단 크기의 10%보다 클 필요는 없다고 설명하는 것일까? 추정값을 얻거나 주장을 검토하기 위해서는 더 큰 표본을 선택하는 것이 좋지 않은가?

실제로, 작은 표본보다 큰 표본을 선택하는 것이 더 좋을 *수도* 있다. 그렇다면 표본 크기가 모집단 크기의 10%보다 작아도 된다는 명백히 모순되는 권고는 왜 제시되는가? 이러한 질문의 답을 얻기 위해 검정 통계량(어떤 주장을 검토할 때)이나 신뢰구간(추정값을 구할 때) 공식을 어떻게 유도하며, 위와 같은 설명에서 전제로 하는 조건이 무엇인지 알아볼 필요가 있다.

μ에 대한 어떤 주장을 검토하거나 μ에 대한 신뢰구간을 구할 때 사용하는 $\overline{x}$의 표준오차 공식을 살펴보자.

$$SE_{\overline{x}} = \frac{s}{\sqrt{n}}$$ (단, s는 표본표준편차, n은 표본 크기).

이 공식은 표본을 구성하는 n개의 개별 대상이 서로 독립적으로 선택되었다는 전제하에 유도된 것이다. 표본을 복원추출 하였거나 모집단이 충분히 크다면 위 공식을 통해 표준오차를 적절히 구할 수 있다. 그러나 일반적으로 표본은 유한 모집단에서 추출되거나 비복원에 의해 얻어진다. 따라서 개별 대상 하나를 모집단에서 추출하면 남아있는 모집단의 구조는 바뀌게 된다. 실제 표집이 비복원으로 이루어지면 선택되는 대상들은 서로 독립이 아니다.

표본을 비복원으로 추출할 때 연구자들은 표준오차를 표현하는 공식을 보정하여 사용할 필요가 있다. 공식을 보정하는데 활용하는 값을 *유한 모집단 보정 인수*라 하는데, 이는 표집하지 않은 모집단의 일부를 고려한 것이다. 구체적으로, 표준오차 공식에 $1-\frac{n}{N}$ 이라는 인수를 곱하여 유한 모집단을 보정한다.

곱하는 값에서 n 은 표본 크기, N 은 모집단 크기이므로 $\frac{n}{N}$ 은 표본에 모집단이 어느 정도나 포함되는지를 비율로 표현한 것이다. 통계 입문 과정에서는 $\frac{n}{N}$ 이 0.1, 그러니까 10%보다 작거나 같으면 유한 모집단 보정을 할 필요가 없으며, 개별 대상이 독립적으로 추출되지 않아서 생길 수 있는 문제를 무시해도 된다는 전제가 있다. 그러나 $\frac{n}{N}$ 이 커짐에 따라 유한 모집단 보정이 중요하므로 연구자들은 이를 고려해야 한다. [그림 1.29]의 표는 10부터 1000까지의 표본 크기 n , 모집단 크기 $N=1000$ 에 대하여 표본화된 비율 $\frac{n}{N}$, 유한 모집단 보정을 하지 않은 표준오차

$$\frac{s}{\sqrt{n}}$$

와 유한 모집단 보정을 한 표준오차

$$\frac{s}{\sqrt{n}}\left(1-\frac{n}{N}\right)$$

의 값을 각각 정리한 것이다(단, $s=10$). 이 표의 다섯 번째 열은 두 표준오차 사이의 백분율 차를 나타낸다. 이 다섯 번째 열을 활용하여 [생각해보기 1.36]에서 표준오차를 구하기 위해 유한 모집단 보정 인수를 곱하면 어떤 장점이 있는지 알아보자.

n	표본화된 비율 $\frac{n}{N}$	$\frac{s}{\sqrt{n}}$	$\frac{s}{\sqrt{n}}\left(1-\frac{n}{N}\right)$	백분율 차
10	0.010	3.162	3.131	1.01
20	0.020	2.236	2.191	2.04
40	0.040	1.581	1.518	4.17
100	0.100	1.000	0.900	11.11
200	0.200	0.707	0.566	25.00
500	0.500	0.447	0.224	100.00
510	0.510	0.443	0.217	104.08
700	0.700	0.378	0.113	233.33
800	0.800	0.354	0.071	400.00
1000	1.000	0.316	0.000	

[그림 1.29] $N=1000$인 모집단에서 추출한 크기가 n인 표본에 대하여 표본화된 비율($\frac{n}{N}$), 유한 모집단 보정이 되지 않은 표준오차와 유한 모집단 보정이 된 표준오차, 표준오차에 대한 두 가지 추정값의 백분율 차에 대한 표

생각해보기 1.36

[그림 1.29]에 제시된 정보를 살펴보시오. 표준오차를 구하는 공식에 유한 모집단 보정 인수를 곱하여 사용하면 어떤 장점이 있습니까? 유한 모집단 보정을 사용하는 것이 중요하지 않은 경우는 언제입니까?

모집단에서 모든 개별 대상이 표본으로 추출되어(예, 전수조사) 모평균의 추정값에서 어떤 오차도 존재하지 않는 순간이 될 때(표준오차에 유한 모집단 보정 인수를 곱하면 0이 되는 때)까지 $\frac{n}{N}$ 이 커짐에 따라 표준오차는 작아진다는 사실에 주목하자. 표본 크기가 커짐에 따라 표준오차는 작아져서 0에 가까워지지만 유한 모집단 보정을 한 표준오차와 그렇지 않은 표준오차 간의 백분율 차는 커진다. 또한 유한 모집단 보정 인

수가 곱해진 $\frac{s}{\sqrt{n}}$ 과 비교했을 때, $\frac{s}{\sqrt{n}}$ 은 항상 표준오차를 과대평가하는 경향이 있기 때문에 표준오차로 $\frac{s}{\sqrt{n}}$ 을 택하면 모수의 추정값은 실제보다 작게 된다. 표본화된 비율이 약 10%(즉, $\frac{n}{N}$ >0.1)보다 커지면 표준오차를 두 가지로 계산한 값 사이의 백분율 차가 너무 커져서 무시할 수 없게 된다. 표본이 모집단의 10%보다 더 클 필요가 없다는 통계 입문 과정 교재의 설명이 정당한 이유가 여기에 있다. 실제로 표본 크기가 크면 표본 크기가 작은 경우보다 좋기는 하지만, 표본화된 모집단의 비율이 대략 모집단의 10%를 넘어서면 표준오차를 계산할 때 유한 모집단 보정을 고려해야 한다. 표준오차가 작아지면 정밀도가 커지기 때문에 표준오차를 작게 하는 것이 확실히 중요하다.

표본 크기가 커짐에 따라 영향을 받는 다른 측면을 알아보자. [그림 1.29]의 표에 따르면 표본 크기 n 이 커짐에 따라 표준오차는 작아진다. 원래 크기가 작은 표본에 대해서는 표본 크기가 증가한 양에 비해 표준오차가 두드러지게 작아졌지만, 이미 표본의 크기가 큰 경우에는 표준오차가 줄어드는 양이 표본 크기가 증가한 양에 비해 작았다. [그림 1.30]을 통해 [그림 1.29]에서 드러난 이러한 정보를 확인할 수 있다. [그림 1.30]의 그래프에서 가로축의 변수는 표본 크기이며, 세로축의 변수는 유한 모집단 보정을 한 표준오차와 그렇지 않은 표준오차 모두를 나타낸다. [생각해보기 1.37]을 통해 표본 크기 n 이 커짐에 따라 표준오차에 어떤 영향을 미치는지 알아보자.

생각해보기 1.37

[그림 1.30]의 그래프를 활용하여 표준편차(유한 모집단 보정을 한 표준오차와 그렇지 않은 표준오차 모두에 대하여)와 표본 크기 n 사이의 관계를 설명하시오. 이를 통해 어떤 시사점을 얻을 수 있습니까?

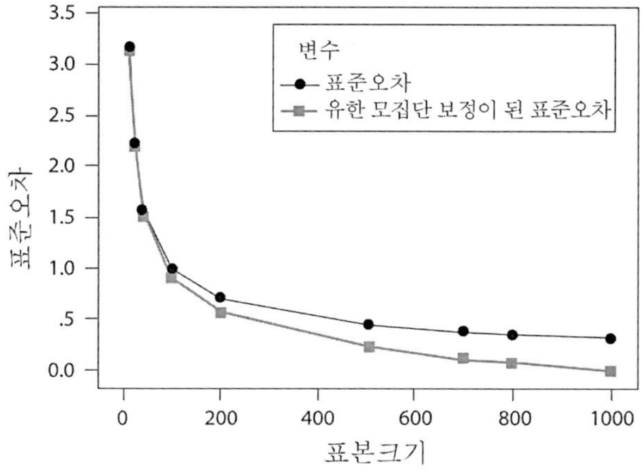

[그림 1.30] 표준오차 대 표본 크기 n에 대한 그래프
(단, 모집단 크기는 1000, 표준편차 $s = 10$)

표본 크기가 10에서 20으로 10만큼 증가함에 따라 표준오차는 약 30% 감소한 반면, 표본 크기가 500에서 510으로 10만큼 증가한 경우에는 표준오차가 약 3% 감소하였다는 사실에 주목하자.

일반적으로 유한 모집단 보정을 고려하지 않을 경우 표준오차를 절반으로 줄이기 위해서는 표본 크기를 4배로 하여야 한다. 그러므로 표본 크기를 1에서 4로 늘리면 표준오차는 절반으로 줄 것이고 마찬가지로 표본 크기를 200에서 800으로 늘려도 표준오차는 절반이 된다. 이미 알고 있듯이 표본 크기를 늘리게 되면 표준오차는 줄어들고 정밀도는 증가한다. 그러나 절감효과가 나타나는 지점이 있기 때문에 표본 크기를 늘리기 위해 추가비용을 지불하였음에도 정밀도와 관련하여 별 효과를 보지 못할 수도 있다. 이러한 관계가 표본비율의 표준오차에서도 드러난다.

큰 표본보다 중요한 표집 방법

필수 이해 5g. 적절한 표집 방법으로 추출한 작은 표본은 부적절한 표집 방법으로 추출한 큰 표본보다 바람직한 결과를 도출한다.

통계학자들도 역사학자들처럼 해리 트루먼(Harry Truman)이 1948년 11월 3일자(그 다음 날 대선에서 트루먼은 토마스 듀이(Thomas Dewey)를 이기게 된다) *시카고 매일 신문*을 들고 있는 유명한 사진을 본 적이 있을 것이다. *시카고 매일 신문*은 듀이가 트루먼을 이길 것이라는 여러 여론 조사 결과를 근거로 "듀이가 트루먼을 이긴다"는 머리기사를 1948년 11월 3일자 신문에 실었다.

이보다 앞서 1936년 대선에서 리터러리 다이제스트는 공화당의 알프 란던(Alf Landon)이 국민투표에서 55%의 득표율을 얻을 것이며 대통령인 루즈벨트(Roosevelt)는 41%를 얻을 것이라고 잘못 예측하였다. 실제로는 루즈벨트가 61%를 얻었으며 란던은 37%를 얻었다. 무엇이 잘못된 것일까? 무엇보다도 리터러리 다이제스트는 1912년에서 1932년 사이에 치러진 미국 대선의 승자를 제대로 예측한 잡지였다. [생각해보기 1.38]을 통해 1936년과 1948년 선거에서 잘못된 예측을 하게 된 이유가 무엇인지 추측해 보자.

생각해보기 1.38

1936년과 1948년 대선에서 여론 조사 결과가 틀린 이유에는 어떤 것이 있습니까?

이러한 문제는 부적절한 자료수집 설계로부터 발생할 수 있다. 1936년 선거의 경우 리터러리 다이제스트는 1000만 장의 설문지 중 230만 장을 회수하였다. 회수한 설문지가 상당히 많았지만 회수율은 23%에 불과하였다. 또한 리터러리 다이제스트는 전화번호부와 자동차 등록 번호를 활용하여 설문조사 대상이 될 가구 1000만개를 선택하였다. 당시에는 비교적 부유한 가구만이 전화나 자동차를 소유할 수 있었다. 그 결과 표본은 모집단 전체를 적절하게 대표하지 못하였으며, 부유한 응답자들은 공화당에 투표하는 성향이 있었다. 미국에 사는 가구의 거의 대부분(전화나 자동차가 없는)이 표본에서 배제되었다.

리터러리 다이제스트는 거대한 표본을 추출하였지만 잘못된 예측을 하였다. 이와 달리 같은 선거에서 조지 갤럽(George Gallup)은 크기가 50,000인 표본 하나를 활용하여 루즈벨트가 란던을 이길 것이라고 예측하였다. 갤럽의 표본이 리터러리 다이제스트의 표본보다 현저하게 작지만 유권자의 성향을 더 잘 대표하였다.

요약하면 표본 크기가 크다고 하여 표본에서 얻을 수 있는 추정값의 정확도가 높아지는 것은 아니다. 실제로 Lohr(2009)는 대표성이 없는 큰 표본은 작은 표본보다 더 위험할 수 있다고 지적하였는데, 대부분의 사람들은 작은 표본보다 큰 표본이 항상 더 바람직하다고 생각하기 때문이다. Lohr(2009)는 표집 방법을 설계하는 것이 표본의 절대적인 크기를 결정하는 것보다 훨씬 중요하다고 강조하였다.

큰 모집단에 작은 표본

필수 이해 5h. 추정값의 정확도를 판단하는데 모집단 크기에 대한 표본 크기의 비율은 중요한 요인이 아니다.

표집에 대한 마지막 오개념으로, 모집단 크기가 클수록 표본 크기도 커져야 한다는 생각에 대해 살펴볼 필요가 있다. 예를 들어 미국에서 인구가 37,253,956명으로 가장 많은 캘리포니아 주와 인구가 563,626명으로 가장 작은 와이오밍 주에서 실시되는 설문조사가 있다고 하자(2010 미국 인구조사, www.census.gov). 두 지역에서 각각 실시되는 설문조사와 관련하여 많은 사람들은 두 지역의 설문조사 정밀도를 같게 하기 위해서는 와이오밍보다 캘리포니아의 표본 크기가 커야 한다고 생각한다. 캘리포니아 인구가 와이오밍 인구의 약 66배가 되므로 캘리포니아에서 더 큰 표본을 추출하는 것은 당연하다고 생각할 수 있다. 실제 두 지역의 설문조사 정밀도를 동일한 수준으로 유지하여 추정값과 관련된 오차의 위험률을 같게 하기 위해서는 두 지역에서 표본을 추출하는 방법이 적합해야 할 뿐만 아니라 각 지역에서 추출하는 표본 크기가 서로 같아야 한다.

필수 이해 5f
표집 방법이 적절하다면 큰 표본이 작은 표본보다 항상 유용하다.

어떻게 그럴 수가 있을까? 모집단의 특징을 나타내는 추정량의 질이나 주장을 평가하는데 정밀도를 활용하며, 이는 표준오차에 의해 수량화된다는 사실을 기억할 필요가 있다. 필수 이해 5f를 검토할 때, 표본 크기가 모집단 크기의 10%보다 크지 않다면 표본평균의 근사표준오차는 다음과 같다는 것을 확인하였다.

$$\frac{s}{\sqrt{n}}$$

위 식에는 모집단 크기 N이 사용되지 않으며, 모집단 크기에 비해 상대적으로 작은 표본의 근사표준오차를 계산할 때 모집단 크기는 아무런 역할을 하지 않는다. 또한 표본평균의 표준오차를 구하는 식에 유한 모집단 보정 인수를 곱하면 다음과 같은 식이 된다는 것을 확인하였다.

$$\frac{s}{\sqrt{n}}\left(1-\frac{n}{N}\right)$$

표본 크기가 모집단 크기의 최소한 10%가 될 때 표준오차를 구하기 위해서는 위 식을 사용해야 하며, 위 식에서는 모집단 크기 N이 사용된다.

[그림 1.31]은 표본 크기가 고정되어 있을 때 표준오차와 모집단 크기 사이의 관계를 나타낸다. 이는 표본 크기 $n = 20$, 40, 80, 100에 대하여 유한 모집단 보정을 적용한 표준오차와 모집단 크기를 그래프로 나타낸 것인데, 모표준편차 $\sigma = 20$이라고 가정한 경우이다. [생각해보기 1.39]를 통해 여러 가지 표본 크기에 대하여 모집단 크기가 표준오차에 어떤 영향을 미치는지 알아보자.

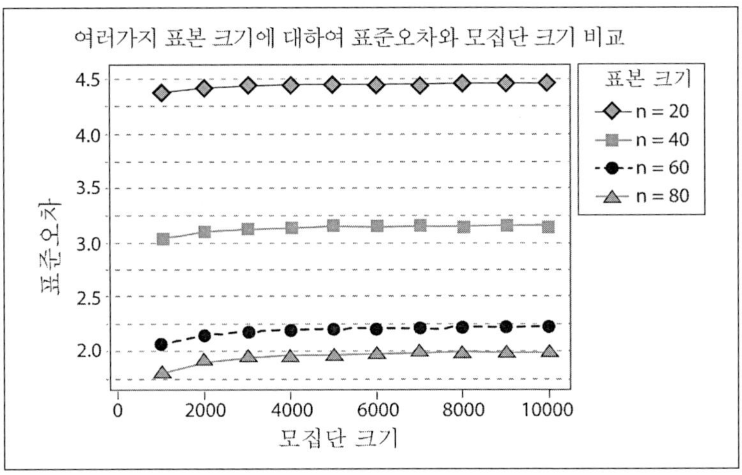

[그림 1.31] 표본 크기 20, 40, 80, 100에 대하여 표준오차와 모집단 크기 비교 (단, 모표준편차 $\sigma = 20$)

생각해보기 1.39

[그림 1.31]을 통해, 표본 크기가 일정할 때 모집단 크기에 대한 함수인 표준오차로부터 어떤 특징을 알아낼 수 있습니까?

앞서 논의하였듯이, 모집단 크기를 고정하면 표본 크기가 작아질 때 표준오차가 커진다는 사실을 [그림 1.31]에서 분명하게 확인할 수 있다. 또한 고정된 표본 크기 n 과 모표준편차 σ 에 대하여, 모집단 크기 N 이 증가함에 따라 표준오차는 안정되어 가며 모집단 크기가 특정한 값이 되면 표준오차는 거의 변화하지 않는다는 것을 알 수 있다.

캘리포니아와 와이오밍의 사례에서 무작위추출 방법으로 크기가 $n=1500$ 인 표본을 각 지역에서 추출하였다고 가정하고 각 지역에 대해 유한 모집단 보정 인수를 곱한 표준오차를 구해보자(모표준편차 $\sigma=20$ 이라고 하자). 와이오밍에 대하여 표본평균의 표집분포에 대한 표준오차는 다음과 같으며,

$$\left(\frac{20}{\sqrt{1,500}}\right)\left(1-\frac{1,500}{563,626}\right)=0.515$$

캘리포니아에 대하여 표본평균의 표집분포에 대한 표준오차는 다음과 같다.

$$\left(\frac{20}{\sqrt{1,500}}\right)\left(1-\frac{1,500}{37,253,956}\right)=0.516$$

위 두 값의 차가 겨우 0.001, 즉 0.26%라는 점에 유의하자. 인구수가 거의 비슷한 다른 지역에 대해서는 표본의 크기를 $n=1500$ 과 같이 고정하고 모표준편차를 같게 하면 표준오차의 차이가 심지어 이보다 더 작을 것이다. 대부분의 실제적 목적 하에서 추정값을 구하거나 주장을 검정할 때 이러한 차이는 별로 중요하지 않다.

표집에 대해 상당히 많은 오개념이 있다. 표집 방법과 표본 크기 사이의 상호작용을 이해하는 것은 안정적이고 정확하게 모집단에 대한 추정값을 구하거나 주장을 검토하는데 핵심적 역할을 한다. 적절한 표집 방법으로 작은 표본을 추출하여 정확한 결과를 얻을 수 있다. 또한 모집단 크기가 추정값의 정밀도에 미치는 영향은 무시해도 될 정도이다.

07 결론

이제까지 이 장에서는 통계적 추리에서 변이성의 역할에 주목하여 핵심 아이디어를 살펴보았다. 핵심 아이디어 1과 2를 통해 실제 모델링 과정에서 변이성을 고려하는 것이 중요하며 자료와 표본 통계량의 값에서 드러나는 변이성을 기술하기 위해서는 모집단분포, 표본분포, 표집분포를 활용할 필요가 있음을 알아보았다. 핵심 아이디어 3에서는 가설검정의 토대가 되는 여러 개념에 대해 알아보았으며, 결론에 오류가 있을 가능성과 불확실성 속에서 도출된 결론의 타당성을 평가하는데 변이성이 어떤 역할을 하는지 살펴보았다. 핵심 아이디어 4에서는 자료수집에 대해 중점적으로 알아보았는데, 특히 자료수집에 활용된 방법이 계획된 실험인지, 통계적 표집인지에 따라 결론을 유도하는 방식과 결론의 유형이 달라진다는 사실을 이해하는 것이 중요함을 지적하였다. 핵심 아이디어 5를 통해서는 표본 및 모집단 크기와 관련된 오개념을 포함하여 표집에 대한 전형적 오개념을 살펴보았다.

현대 사회에서 교양인으로 살아가기 위해서는 어떤 결론을 비판적으로 평가하는 통계적 소양과 능력이 필수적이다. 신문, 잡지, 뉴스뿐만 아니라 정치인들도 실험이나 설문조사로부터 얻은 다양한 연구 결과를 인용한다. 통계적 소양의 핵심은 이러한 연구 결과를 객관적이며 분석적으로 평가할 수 있는 능력이다. 이러한 역량은 자료수집의 중요성을 이해하고 자료로부터 합리적으로 유도될 수 있는 특정한 결론의 시사점을 인식하는 것과 관련된다. 또한 통계 소비자들은 자료로부터 결론을 유도하기 위해 사용하는 통계적 방법에는 오류를 범할 위험이 존재한다는 것을 알아야 한다.

핵심 아이디어 1
자료는 구조와 변이성으로 이루어진다.

핵심 아이디어 2
분포는 변이성을 설명한다.

핵심 아이디어 3
가설검정은 "어떤 사건이 우연히 일어난 것으로 볼 것인가?"라는 질문에 답한다.

핵심 아이디어 4
자료수집 방법이 중요하다.

핵심 아이디어 5
추정량을 평가하기 위해서는 편향, 정밀도, 표집 방법을 고려해야 한다.

제2장
선수학습과 후속학습의 연계성

통계를 가르치는 것은 멋진 일이지만 한편으로는 새로운 어려움에 직면하기도 한다. 향후 몇 년 동안 수학과 공통 핵심 규준(CCSSM)에 의해 수학교육과정에 통계가 깊숙하게 통합될 것으로 보인다. 2014년이 되면 대수 2를 지도하는 교사 대부분이 통계를 가르치게 될 것이라고 말하는 것은 전혀 과장된 것이 아니다. 이와 같이 급격한 변화가 일어나는 상황은 참으로 흥미롭다. 이를 통해 통계가 예전과는 전혀 다른 방식으로 일상생활 및 문화 전반에 녹아들게 될 것이며, 모든 학생들이 자신들의 장래 희망과 관계없이 일정 수준의 통계적 소양을 필요로 할 것이다. 오늘날 거의 모든 학부 전공에서 통계를 적어도 한 강좌 정도 이수하도록 하고 있다.

01 통계와 수학의 차이

수학과 공통 핵심 규준에 맞춰 교육과정을 조정할 때 수학 교사들이 직면할 수 있는 가장 주요한 어려움은 통계와 수학이 기본적인 전개 방식에서부터 차이가 있다는 것이다. 수학은 연역, 증명, 참인 사실에 기초하여 전개되는 반면, 통계는 추리, 자료 분석, 불확실성을 토대로 한다. 현재 학교 교육과정에서 수학적 추론은 12년의 학교교육 전반에 걸쳐 서서히 개발된다. 이와 달리 많은 학교에서 학생들이 통계적 추론을 한 학기 또는 1년 만에 학습할 수 있을 것이라 생각한다. 이제 수학과 공통 핵심 규준을 교육과정으로 채택하게 되면 교사는 학생들에게 자료에 기초하여 추리할 수 있는 능력을 개발할 수 있도록 더 많은 기회를 제공할 수 있으며 또한 더 많은 책임을 갖게 될 것이다.

이 책의 필수 이해에 녹아 있는 핵심 아이디어는 통계적 추론 개발의 주요한 개념적 지표를 제공한다. 이러한 개념적 지표는 특히 교사들의 이해와 관련하여 중요하지만 학생들의 이해를 개발하는데도 중요한 역할을 한다. 이 장에서는 앞에서 살펴본 다섯 가지 핵심 아이디어에 대한 학생들의 이해가 발달하는 단계에 주목하여 논의를 진행하고자 한다. 이러한 이해를 개발하는 과정은 수학적 이해를 개발하는 과정만큼 명확하지는 않다. 그 이유는 해당 주제가 부분적으로 수학교사에게 덜 친숙할 뿐만 아니라 통계적 추론 발달이 기본 개념에서 복잡한 개념으로 성장하는 논리적 경로를 따르지 않기 때문이다. 대신 통계적 이해는 경험을 통해 촉발되며 여러 개념들이 점진적으로 얽혀 그 복잡성을 더해간다.

02 비형식적 추론에서 준형식적 추론을 거쳐 형식적 추론으로

NCTM의 *학교 수학의 원리와 규준(Principles and Standards for School Mathematics,* 2000)은 통계적 추론과 추리를 개발하는 경로에 대해 개략적으로 설명하였다. 이러한 발달 경로는 미국통계학회가 발간한 *통계 교육에서 평가와 수업을 위한 지침(Guidelines for Assessment and Instruction in Statistics Education* [GAISE 틀], Franklin et al., 2007)에서 K-12단계 교육과정의 틀로 좀 더 구체화 되었으며, 최근에 들어서는 수학과 공통 핵심 규준(2010)에 포함되었다. 이러한 경로는 비형식적 추론에서 준형식적 추론을 거쳐 최종적으로는 형식적인 통계적 추론으로 나아가는 여정이라고 볼 수 있다. 이러한 관점에서 볼 때 수학과 공통 핵심 규준 및 이 책에서 앞서 다룬 핵심 아이디어를 담고 있는 고등학교 교육과정은 준형식적인 통계적 추론과 관련된다.

가장 초보적인 수준의 비형식적인 통계적 추론은 학생들이 일상생활의 지식을 활용하여 어떤 사건을 추측하거나 판단을 내릴 때 또는 표본을 토대로 모집단에 대해 어떤 주장 등을 펼 때 나타난다(Makar & Rubin, 2009; Zieffler et al., 2008). 점차로 학생들은 통계적 개념과 수학적 개념을 이러한 추리적 추론과 통합하게 된다. 중간 단계 즉, 준형식적인 단계에서 중요한 요소는 추리 과정을 평가하는 방법에 대해 논하는 전략을 개발하는 것이다. 형식적인 수준에서 학생들은 잘 설계된 통계 방법을 활용할 수 있고 이러한 방법을 통해 주어진 문제와 관련된 논거를 분명하게 설명할 수 있으며 청중에게 적합한 언어로 결과를 해석하거나 의사소통할 수 있다.

비형식적 추론에서 준형식적 추론을 거쳐 형식적 추론으로 나아가는 것은 GAISE 보고서에도 제시되어 있다. 이에 따르면 하나의 표본을 가지고 변이성을 이해하는 수준을 넘어 선택된 표본이 모집단의 변이성을 반영한다는 사실을 이해하고, 결과적으로 표본에 기초하여 모집단에 대한 결론을 유도하는 방법을 이해하게 되는 가장 최상위 수준에 도달하게 된다.

03 핵심 아이디어와 관련된 추론

수학과 공통 핵심 규준을 적용한 교육과정에서 학생들은 통계적 추론과 관련된 다섯 가지 핵심 아이디어를 K-12단계에 걸쳐 이해하게 되는데, 비형식적 단계에서 준형식적 단계로 발달한다. 이 절에서는 각각의 핵심 아이디어에 대해 이처럼 비형식적 이해에서 준형식적 이해로 발달하는 과정을 살펴보고 이러한 과정을 통해 어떻게 형식적 이해를 개발할 수 있는지 알아본다.

고등학교 수준에서 형식적 통계에 대해 이해하는 것을 목표로 하는 경우는 매우 드물다. 선이수(AP) 통계 교육과정과 대학 수준의 통계 입문 과정 정도가 1장에서 제시한 핵심 아이디어를 포함하는 여러 개념을 형식적으로 다룬다. 이와 같은 형식적 지도는 암기식 학습과 절차의 의미없는 적용으로 흐를 가능성이 있다(Diaconis, 1981).

학생들은 1장에서 다루었던 핵심 아이디어를 깊이 있게 이해해야 한다. 이를 통해 학생들은 형식적 접근을 이해할 수 있으며, 통계 절차의 강점과 약점을 알고 이를 의미있게 적용할 수 있다. 이하에서는 통계와 관련된 수학과 공통 핵심 규준의 권고 내용을 반영한 학교 교육과정을 따른다면 학생들의 통계적 사고가 어떻게 발달할 수 있는지 살펴본다. 학생들의 이해가 이러한 발달 과정에 맞추어 어떻게 형성되는지 설명하기 위해 이 절에서 활용하는 구체적 사례는 K-12단계에 대한 GAISE 틀(Franklin et al., 2007)의 부록에서 발췌한 것이다.

핵심 아이디어 1의 발달

> 핵심 아이디어 1
> 자료는 구조와 변이성으로 이루어진다.

핵심 아이디어 1은 변이성이 실생활의 모든 과정에 내재함을 인지하는 것이다. 이 핵심 아이디어는 "순수" 수학적 과정을 통해 이러한 추세가 드러날 수 있음을 의미하는데, 예를 들어 분포를 통해 변이성이 드러날 수 있다. 수학과 공통 핵심 규준을 적용한 교육과정에서 우선 6학년 학생들은 일변량을 다루면서 변이성 개념을 비형식적으로 경험할 수 있으며 평균에 비추어 자료가 얼마나 흩어져 있는지를 수량화하기 위해 평균편차를 활용할 수 있다.

예를 들어, GAISE의 부록에 있는 교실 활동을 통해 학급 학생들의 이름 길이에서 드러나는 변이성을 살펴보도록 할 수 있다. 학생들이 일단 이름 길이에 대한 평균을 구하면 자기 이름 길이가 평균과 얼마나 다른지 알아볼 수 있다. 모든 학생들에 대해 이러한 차이의 절댓값에 대한 평균은 변이성의 비형식적 측도가 된다.

8학년에서 학생들은 이러한 아이디어를 이변량으로 확장한다. 예를 들어, 학생들은 학급 학생들의 키와 팔 길이에 대한 자료를 통해 학생마다 키와 팔 길이는 각각 다르지만, 키가 큰 학생은 팔 길이도 길기 때문에 이 두 길이가 함께 변한다는 점을 인식할 수 있다.

9-12학년에서 학생들은 중심에 대한 변이성의 개념을 분명하게 의식하며 통계적 모델이 실제 자료에 얼마나 일치하는지 분석하기 시작한다. 학생들은 표준편차와 같이 변이성에 대해 좀 더 "형식적" 측도를 다루게 된다. 학생들은 이전 학년에서 다루었던 평균편차의 개념을 확장하여 표준편차를 이해할 수 있으며 좀 더 면밀한 조사를 진행할 수 있다. 예를 들어 학생들 대부분의 팔 길이가 평균으로부터 표준편차를 3배한 값만큼 떨어진 범위에 존재한다는 것을 파악할 수 있다.

고등학교 수준 이상의 통계를 배우고자 하는 학생들은, 최소제곱회귀직선과 같은 측도를 활용하여 잔차의 변이성을 수량화하는 활동을 통해 수학적 기호를 이용해 모델을 구체화하고 그 모델의 적합성을 수량화하는데 필요한 좀 더 형식적 이해를 개발할 수 있다. 이를 통해 학생들은 다중회귀모델과 같은 복잡한 모델을 다루기 위해 보다 정교한 이해를 발달시킬 수 있다.

핵심 아이디어 2의 발달

핵심 아이디어 2
분포는 변이성을 설명한다.

수학과 공통 핵심 규준에 따르면 표본분포를 6~8학년에서 소개할 필요가 있다. 6학년 학생들은 우선 이산분포를 요약하고 설명한 다음, **시뮬레이션**을 통해 동전 한 개를 던져 얻어지는 자료의 생성 과정을 보여주는 분포에 대해 배우게 된다. 이때 학생들은 여러 개의 표본을 하나의 분포로 설명할 수 있다는 것을 배우게 되며, 모양, 중심, 변이성과 관련하여 분포를 요약할 수 있다는 것도 학습하게 된다. 중학교 수준에서는 중심과 변이성에 대한 다양한 수치적 측도를 다루어야 한다. 이때, 수치적 측도 중 일부(예, 평균편차)는 형식적인 통계적 측도로는 거의 쓰이지 않지만 개념적 이해를 발달시키기 위한 의도에서 활용될 수 있다.

고등학교에서 학생들은 표집분포라는 새로운 개념을 배우게 되지만, 7학년에서 학생들은 "추정값이 얼마나 벗어났는지 측정"(CCSSI, 2010, CCSSM, 7학년, 통계와 확률)하기 위해 표본을 여러 번 추출해 보는 비형식적 경험으로부터 이와 관련된 이해를 발달시킨다. 예를 들어, 학생들은 동전 한 개를 던져 앞면이 나올 확률의 추정값이 각 표본마다 어느 정도 다른지 탐구할 수 있다.

고등학교에서는 분포 유형에 대한 아이디어와 모집단분포 및 표본분포 사이의 관계를 다룸으로써 표집분포에 대한 이해를 명확히 한다. 이 단계에서 분포에 대한 개념은 좀 더 심화될 수 있는데, 예를 들어 학생들은 **정규분포**와 같은 연속확률분포에 대해 학습한다.

또한 학생들은 여러 통계값의 표집분포와 관련되는 확률을 구해봄으로써(예를 들어, 모평균에서 표준편차의 1.5배만큼 떨어진 범위에 표본평균이 있을 확률), 표집분포의 개념을 지속적으로 형식화하게 될 것이다.

핵심 아이디어 3의 발달

> 핵심 아이디어 3
> 가설검정은 "어떤 사건이 우연히 일어난 것으로 볼 것인가?"라는 질문에 답한다.

7학년에서 학생들은 두 표본을 비교함으로써 두 모집단에 대해 비형식적 추리를 한다. 예를 들어, 학생들은 남학생 가방 무게에 대한 무작위 표본의 평균이 여학생 가방 무게에 대한 무작위 표본의 평균보다 크다는 것을 관찰한 다음, 그 차이가 굉장히 크기 때문에 모집단에서도 남학생 가방이 여학생 가방보다 무거울 것이라는 결론을 유도한다. 시뮬레이션을 통해 모집단으로부터 무작위 표본을 추출해 봄으로써 학생들은 그 차이가 "큰 것인지" 아닌지에 대해 비형식적 결정을 내릴 수 있다.

이러한 추론 과정은, 고등학교에서 두 가지 대립가설 중 하나가 참일 때 관찰된 차이를 단순히 우연에 의해 발생한 것으로 볼 것인지에 대해 탐색하는 추론 과정을 통해 준형식적 수준으로 발전하게 된다. 예를 들어, 학생들은 남학생 가방과 여

학생 가방의 무게가 같다는 귀무가설을 설정하고 이를 비형식적으로 검정하는 방법을 배운다. 또한 학생들은 이 추론 과정에서 나타날 수 있는 오류의 비율을 수량화하기 시작한다. 자료수집 과정을 고려함으로써 관찰된 차이가 우연에 의한 것이라고 설명하기 어려운 경우가 있음을 인식할 수 있다.

통계를 계속 공부하고자 하는 학생들은 다양한 상황의 특정 질문에 답하기 위해 설계된 일련의 가설검정 절차에 대한 아이디어를 형식화할 것이다. 예를 들어, 학생들은 특정 식이요법이 장기간의 체중 감량 효과를 가져 오는지 살펴보거나, 유명 패스트푸드 식당의 선호도가 특정한 정치적 성향과 관계가 있는지 알아보기 위해 자료를 조사할 수 있다.

핵심 아이디어 4의 발달

핵심 아이디어 4
자료수집 방법이 중요하다.

7학년에서 학생들은 통계적 질문에 대한 답의 질이 자료수집 방법에 의해 결정된다는 것을 배운다. 학생들은 다양한 유형의 자료 및 그와 관련된 질문을 다룸으로써 자료수집 방법으로 설문조사와 실험이 존재함을 알게 된다. 또한, 통계적 질문(변이성과 관련되는 질문)과 비통계적 질문을 구별할 수 있게 되며 통계적 질문에 답하기 위해 자료를 수집할 필요가 있음을 인식하게 된다. 이러한 아이디어를 이해함으로써 7학년 학생들은 모집단에서 추출되는 무작위 표집에 대해 배울 수 있는 토대를 마련하게 된다.

이러한 지식을 바탕으로 고등학교에서 학생들은 설문조사, 관찰연구, 통제실험과 같은 여러 가지 자료수집 방법의 차이를 구별할 수 있게 된다. 학생들은 대중매체를 통해 기사화된 연구를 읽고 해당 연구를 설계하는데 활용한 방법이 무엇인지 알아내어 기사의 결론이 연구 설계에 비추어 적절한지를 평가할 수 있다. 학생들은 통제실험과 무작위 할당이 인과적 추리의 근거를 제공하는데 어떤 역할을 하는지 알게 된다. 자료수집 및 추리에서 자료수집이 갖는 의미를 이해하는 것은 통계적 소양의 주요 요소이다.

고등학교 수준 이상의 내용을 배우는 학생들은 자료수집에 대한 이해를 깊게 하여 좀 더 형식적 이해로 나아갈 것이다. 학생들은 설문조사를 실시하거나 실험을 진행하는 여러 가지 방법을 검토함으로써, 가설을 검정할 때 추정량의 정밀도를 높이거나 오류가 나타날 위험을 줄이는데 이러한 방법을 어떻게 활용할지 알게 될 것이다.

핵심 아이디어 5의 발달

핵심 아이디어 5
추정량을 평가하기 위해서는 편향, 정밀도, 표집방법을 고려해야 한다.

7학년에서 학생들은 시뮬레이션을 통해 얻은 무작위 표본을 관찰함으로써 표본 간의 변이를 비형식적으로 평가한다. 고등학교에서 학생들은 좀 더 명확한 추정의 준거를 다루게 된다. 이를 통해 학생들은 표본과 모집단을 분명하게 구별하게 되며, 편향과 표준오차처럼 여러 추정량의 특징을 살피는 다양한 척도를 이해하게 된다. 편향과 표준오차에 대한 학생들의 이해는 평균과 표준편차에 대한 초기 이해로부터 확장된 것이다. 표준오차 자체는 중학교에서 사용하였던 변이성 측도인 평균편차를 좀 더 형식적으로 개선한 것이다.

이상과 같은 이해 및 기능을 토대로 고등학교에서 학생들은 모수를 추리할 때 범할 수 있는 오류를 의식하여 이러한 오류를 측정하는 비형식적 방법을 생각한다. 애플릿(applet)을 다루어 봄으로써 학생들은 특정한 신뢰구간이 모수를 포함하지 않는 경우가 얼마나 자주 일어나는지 알 수 있으며, 이러한 활동을 통해 자신들이 내린 판단이 얼마나 자주 틀릴 수 있는지 평가할 수 있다.

12학년 이후에도 통계적 추론 활동을 지속하는 학생들은 이러한 위험을 평가하고 수량화하는 것이 통계적 방법을 개발하거나 평가하는데 매우 중요한 역할을 한다는 것을 발견하게 될 것이다. 예를 들어, 회귀분석을 할 때 모델에서 변수를 더하거나 뺌으로써 발생할 수 있는 차이를 측정하여 복잡한 모델이 자료를 표현하는데 얼마나 적합한지를 살펴보는 것은 응용통계의 주요 초점이다.

또한 핵심 아이디어 5는 표본 크기가 지닌 의미를 이해하는 것과 관련된다. 6~8학년에서 학생들은 모집단에 대한 비형식적 추리를 위해 무작위 표본에서 수집된 자료와 시뮬레이션 결과를 활용함으로써 표본 크기가 추리에서 어떤 역할을 하는지 이해하기 시작한다.

고등학교에서 모수를 추정하는 활동을 통해 학생들은 표본 크기가 갖는 의미를 분명하게 인식하게 된다. 표본 크기가 미치는 영향에 대해 학생들이 지니고 있는 비형식적 아이디어에는, 크기가 작은 표본은 큰 모집단보다 작은 모집단에서 좀 더 효과적이다(Garfield, 2002)와 같은 잘못된 생각이나 오개념을 포함하기도 한다. 고등학교에 갓 입학한 학생들은 "많으면 더 좋다"와 같은 직관적 아이디어를 지니고 있지만, 9~12학년을 거치면서 표본 크기를 키우게 되면 그만큼 비용이 더 들며 표본 크기를 다시 줄임으로써 정밀도를 높일 수 있다는 것을 이해하게 된다.

고등학생들은 은유와 시뮬레이션을 통해 이러한 아이디어를 배우지만, 더 높은 수준의 통계적 이해를 개발하고자 하는 학생들은 좀 더 형식적인 증명을 위해 수학적 부분을 고려할 필요가 있다. 핵심 아이디어 5에서 다룬 개념은 통계적 소양의 개발과 관련하여 특히 더욱 중요하다. 예를 들어, 전문가들조차도 모집단 크기에 비해 상대적으로 크기가 작은 표본을 활용하였다는 이유로 여론조사 결과가 잘못되었다고 폄하하기 때문이다.

04 결론

이 장에서는 1장에서 설명한 핵심 아이디어 각각에 비추어 어떻게 비형식적 추론이 준형식적 추론을 거쳐 형식적 추론으로 발달하는지 살펴보았다. 3장에서는 핵심 아이디어에 대한 이해와 통계적 추론에 대한 발달적 견해를 활용하여 교수-학습 및 평가의 문제를 다루고자 한다.

제3장

도전: 학습, 교수, 평가

앞으로 몇 년 동안 수학교사가 직면하게 될 가장 큰 변화 중 하나는 중·고등학교의 교육과정에서 통계의 역할 변화를 조정하는 것이 될 것이다. 수학과 공통 핵심 규준이 대부분의 주에서 시행되고 있으므로 고등학교 수학교사는 수학교사와 통계교사의 이중적 역할을 수행하게 된다. 수학과 공통 핵심 규준은 개념적 이해를 강조하므로 수학교사는 학생들의 개념적 이해를 높이는 활동과 통계적 아이디어의 의사소통 능력을 개발하기 위한 활동을 조화롭게 수행하도록 노력해야 한다.

학생들의 유창한 통계 계산 능력(예를 들어, 표준편차를 계산하거나 그래프를 그리는 능력, 최소제곱선을 구하는 능력)을 개발하고 평가하는 것은 통계적 추론을 개발하고 평가하는 것과 비교하면 상대적으로 쉽다. 이러한 이유 때문에 이 장에서는 학생들의 통계적 추론을 개발하는 것에 초점을 맞춘다. 통계적 추론은 교사에게 있어 계산 절차에 관한 유창성을 개발하고 평가하는 것보다 다소 익숙하지 않고 어려운 주제이다.

01 계산의 유창성을 넘어

오늘날 통계적 소양을 갖는다는 것은 통계의 주요 개념을 이해하는 것을 의미한다. 통계의 주요 개념에는 연구 설계의 중요성, 자료수집 방법이 결론의 타당성에 미치는 영향, 표집 변이성의 기본 아이디어, 모집단 또는 실험에서 처치 효과에 대한 결론을 도출하기 위해 표본이나 실험 자료를 사용하는데 수반되는 논리 등이 있다. 통계의 주요 개념은 1장의 핵심 아이디어와 필수 이해에서 언급된 주제들이다. 수학적 추론과 마찬가지로 통계적 추론도 오랜 시간에 걸쳐 교육되고 개발되어야 한다. 통계의 지도 방법과 학생의 통계적 추론 개발을 위한 네 가지 방안을 제시한다.

- 계산의 유창성이 중요한 것이 아니다.
- 좋은 통계 질문을 하여라.
- 학생들에게 "통계에 대해 말하는" 기회를 주어라.
- 참평가와 의미있는 피드백을 제공하여라.

다음 네 단락에서 위의 교수학적 "조언"을 간략하게 살펴본다.

교수학적 조언 1. 계산의 유창성이 중요한 것이 아니다.

오늘날 계산 능력 자체에 대한 가치는 상대적으로 없어지고 있다. 그러나 학생들은 특정 모집단에서 표준편차를 계산하여 나온 값이나 모평균의 신뢰구간을 추정하여 나온 값이 무엇을 의미하는지 모른 채 사용하고 있다. 학생들이 기계적 계산을 넘어 통계적 절차에 관한 논리와 결과의 해석을 분명히 이해하는 것이 중요하다. 학생들은 계산보다 더 많은 것을 할 수 있어야 한다. 학생들이 문제의 답을 정확하게 계산했는데 왜 감점을 했는지 묻는다면 계산기를 이용하여 정확한 답을 계산할 수 있는데 왜 그것을 평가해야 하느냐고 말해주어라.

교수학적 조언 2. 좋은 통계 질문을 하여라.

2010년 수학연합회의(the Joint Mathematics Meetings)에서 앨런 로즈만(Allan Rossman)은 훌륭한 통계교사가 되는 열쇠는 좋은 질문을 하는 것이라고 하였다. 그렇다면 좋은 통계 질문은 무엇인가? 이 질문 자체에 많은 해답이 있을 수 있다. 하지만 학생들의 통계적 추론을 신장시키는 맥락에서 좋은 질문은 개념적 구성 요소, 해석적 구성 요소 또는 두 가지 모두를 포함한 것이어야 한다. 이것은 이 장의 뒷부분에서 좀 더 충분히 논의해야 할 중요한 아이디어이다.

교수학적 조언 3. 학생들에게 "통계에 대해 말하는" 기회를 주어라

자료 분석은 의사소통 요소와 수학적 요소를 모두 포함한다. 맥락으로부터 결과를 해석하고 의사소통하는 능력은 타고나는

것이 아니며, 연습을 통해 서서히 개발된다. 학습 초기에 학생들이 자료 분석을 통해 어떻게 결과를 해석하였는지 또는 어떤 이유로 특정한 방법을 선택하여 분석하였는지에 대한 이야기를 듣거나 글을 읽은 것은 다소 어려울 수 있다. 하지만 학생들이 이를 연습할 기회를 갖고 이때 의미 있고 건설적인 피드백을 제공하는 것은 중요하다. 피드백을 제공함으로써 교사는 학생들이 "통계에 대해 말하는" 능력을 성공적으로 개발하는데 기여할 수 있다. 통계적 추론의 이러한 측면을 신장시키려는 시도는 인내가 필요하지만 매우 가치가 있는 일이다.

교수학적 조건 4. 참평가와 의미있는 피드백을 제공하여라.

통계적 추론이 평가되어야 한다면 의미있는 방법으로 결과를 해석하는 능력과 개념적 이해를 모두 평가하는 것이 중요하다. 평가는 중요한 주제이고 많은 수학교사가 통계 분야에서의 평가에 관해 풍부한 경험을 가지고 있지 않기 때문에 이 장의 뒷부분에서 이 주제를 좀 더 자세히 다루고자 한다.

02 좋은 통계 질문 만들기

유창한 계산 이상의 것을 학생들이 할 수 있도록 하려면 학생들에게 어떤 문제를 제공할 것인지 고려하여야 한다. 우리가 제공하는 문제와 이 아이디어가 어떻게 관련되는지 알아보기 위해 핵심 아이디어 1의 주제이면서 모든 핵심 아이디어에서 주목한 표준편차에 관한 문제를 살펴보자. 아래의 질문 1을 [생각해보기 3.1]에서 주의 깊게 살펴보자.

질문 1 (좋지 않음!)
다음 10개의 값에 대한 표준편차는 얼마인가? 2009 2015 2002 1979 2032 1991 2016 2030 2001 1990

생각해보기 3.1

질문 1에 "좋지 않음" 이라는 문구를 붙였다. 질문 1이 좋지 않은 이유가 무엇이라고 생각합니까?

질문 1은 단지 계산 능력만 평가하므로 좋은 통계 질문이 아니다. 실제로 어떤 사람은 이 문제가 어떤 맥락도 없이 수만 제시하기 때문에 통계 문제가 아니라고 주장할 것이다. 이 문제를 개선하는 한 가지 방법은 질문 2에 제시된 것처럼 수와 표준편차에 의미를 부여하는 맥락을 추가하는 것이다. 이것은 [생각해보기 3.2]의 핵심이기도 하다.

질문 2 (좋지만, 그렇게 많이는 아님!)

다음 자료는 학교의 축구 경기장 조명탑에 사용할 새로운 상표의 전구 10개에 대한 수명(시간)이다.

2009 2015 2002 1979 2032 1991 2016 2030 2001 1990

전구 10개의 수명에 대한 표준편차는 얼마입니까?

생각해보기 3.2

질문 1과 비교하여 질문 2에는 "좋지만, 그렇게 많이는 아님"이라는 문구를 붙였다. 어떤 면이 더 좋다고 생각합니까? "그렇게 많이는 아님"이라고 기술한 이유가 무엇이라고 생각합니까?

질문 2는 맥락을 포함하기 때문에 질문 1보다 개선되었다. 맥락을 통해 첫 번째 값인 2009가 2009 시간의 전구 수명을 나타낸다는 사실을 알게 되었다. 그러나 표준편차의 계산에만 초점을 맞추기 때문에 질문이 그렇게 많이 개선되지는 않았다. 맥락을 통해 제공되는 정보는 학생들이 자료와 관련하여 어떤 것을 하도록 요구하지는 않는다. [생각해보기 3.3]은 질문 2와 질문 3을 비교한다.

질문 3 (좋음)

다음 자료는 학교의 축구 경기장 조명탑에 사용할 새로운 상표의 전구 10개에 대한 수명(시간)이다.

2009 2015 2002 1979 2032 1991 2016 2030 2001 1990

a. 새로운 상표의 전구 10개의 수명에 대한 표준편차는 얼마입니까?
b. 현재 사용하고 있는 상표의 전구 수명에 대한 표준편차는 40시간이다. 새로운 상표와 현재 사용하고 있는 상표를 비교할 때, 새로운 상표의 전구 10개의 수명에 대한 표준편차를 통해 무엇을 알 수 있습니까?

생각해보기 3.3

질문 3의 b 문항은 질문 2에 무엇을 추가했습니까?

질문 3의 a 문항은 여전히 계산만을 요구하지만 b 문항은 학생들에게 계산을 넘어서 자료의 맥락에 비추어 표준편차를 이해 가능하게 해석할 것을 요구한다. 다음에 제기되는 질문 4는 질문 3보다 한 단계 더 개선되었다.

질문 4 (매우 좋음)

다음 자료는 학교의 축구 경기장 조명탑에 사용할 새로운 상표의 전구 10개에 대한 수명(시간)이다.

2009 2015 2002 1979 2032 1991 2016 2030 2001 1990

a. 새로운 상표의 전구 10개의 수명에 대한 표준편차는 얼마입니까?
b. 현재 사용하고 있는 상표의 전구 수명에 대한 표준편차는 40시간이다. 새로운 상표와 현재 사용하고 있는 상표를 비교할 때, 새로운 상표의 전구 10개의 수명에 대한 표준편차를 통해 무엇을 알 수 있습니까?
c. 경기장의 조명 전구를 교체하는 것은 어려운 일이며 특별한 장비가 필요하다. 이런 이유로 학교는 개별 전구가 수명을 다했을 때마다 교체하기보다는 한 개의 전구가 수명을 다하면 곧바로 모든 전구를 교체하고자 한다. 새로운 상표와 현재 사용하고 있는 상표의 전구에 대한 평균 수명은 2,000시간이며 두 상표의 전구 비용은 동일하다. 현재 사용하고 있는 상표의 전구와 새로운 상표의 전구 중 어느 것을 학교에 추천하겠습니까? 그 이유를 설명하시오.

질문 4는 계산적 요소도 포함하고 질문 3에서 응답해야 하는 것과 마찬가지로 학생들에게 맥락에 비추어 해석하도록 하는 부분도 있다. 뿐만 아니라 c 문항을 추가함으로써 학생들이 표준편차를 개념적으로 이해하고 있는지 보여야 하고 표준편차가 무엇을 측정하고 있는지 설명해야 하는 흥미 있는 질문으로 수준이 높아진다. 질문 4는 관련된 맥락을 제시하고 해석을 요구하며, 학생들에게 그들의 개념적 이해 수준을 보이도록 요구한다. 이러한 것들은 좋은 통계 질문의 특성이다. [생각해보기 3.4]에서 주어진 문제를 평가해 보자.

생각해보기 3.4

다음 문제를 살펴보시오. 이 문제의 좋은 점은 무엇입니까? 또 이 문제를 어떻게 개선하면 좋겠습니까?

40개의 무작위 표본에서 모평균에 대한 90% 신뢰구간 (74.6, 82.9)을 구하였다. 동일한 표본을 활용하여 구한 95% 신뢰구간은 주어진 90% 신뢰구간보다 더 넓습니까, 좁습니까, 아니면 같습니까?

[생각해보기 3.4]의 질문은 중요한 통계 개념인 신뢰구간의 길이와 신뢰수준 사이의 관계에 대한 학생들의 이해를 탐구하는 것이다. 이 질문은 다음 내용을 포함하여 다양한 방식으로 개선될 수 있다.

- 흥미로운 맥락을 추가할 수 있으며, 학생들에게 맥락에 비추어 구간을 해석하도록 요구할 수 있다.
- 학생들에게 95% 신뢰구간이 더 넓거나 좁거나 또는 같다고 응답한 이유를 설명하도록 질문을 수정할 수 있다. "왜 그렇게 생각합니까?" 라는 간단한 질문을 추가하면 형성평가로서 더 좋은 질문이 될 수 있다. 학생들의 대답이 정확하지 않다면 그들의 사고에서 오류를 찾아 수정하는 것이 더 수월할 수 있다.

학급 토론이나 평가의 기초로 사용할 질문을 개발할 때 다음 항목에 비추어 개발한 질문이 적절한지 살펴보아라.

- 질문이 의미있는 맥락을 제공하는가?
  (그렇지 않은 경우 "통계" 질문이 아닐 수도 있다.)
- 맥락이 문제와 관련이 있는가? 즉, 학생들은 맥락을 사용해야 하는가?
- 질문에 해석적 요소가 있는가?
- 학생들이 관련 개념을 이해했는지 보이도록 요구하는 질문인가?
- 맥락, 해석 또는 개념적 요소가 누락된 경우, 이러한 구성요소 중 하나 또는 모두를 통합하여 질문을 개선할 수 있는 방법이 있는가?

물론 교실 토론이나 숙제를 위해 사용하는 모든 질문이 위 항목을 모두 만족할 수는 없다. 그러나 결과를 해석하고 기본 개념에 대한 이해에 관해 의사소통할 수 있는 기회를 학생들에게 되도록 많이 제공하는 것은 학생들의 통계적 추론을 개발하는 데 매우 효과적이다.

03 해석과 개념적 이해 평가하기

계산의 유창성을 평가하는 것은 비교적 쉽다. 왜냐하면 계산 관련 질문에 대한 학생들의 응답은 일반적으로 정답, 부분적 정답(사소한 계산적 오류를 포함), 또는 오답으로 정확하게 구분되며 학생이 어디에서 무엇을 틀렸는지 쉽게 알 수 있기 때문이다. 그와 반대로 자료 분석 결과를 해석하는 능력 또는 중요한 통계 개념에 대한 이해를 평가하는 것은 훨씬 더 어렵다. 평가를 용이하게 할 수 있는 한 가지 방법은 총체적 채점기준표를 사용하여 학생들의 응답을 분류하는 것이다. 필요에 따나 [그림 3.1]의 4수준 채점기준표 두 가지 중 하나 또는 모두를 활용할 수 있다.

4수준 채점기준표	
의사소통과 해석에 관한 질문을 위한	개념적 이해에 관한 질문을 위한
3 해석이 적절하고 완전하며 의사소통도 잘 하였다.	3 관련된 개념을 명확히 이해하고 의사소통한다.
2 해석은 적절하고 완전하지만 의사소통을 잘 하지 못하였다.	2 관련된 개념을 어느 정도 이해하지만 의사소통할 때 명확하게 전달하지 못한다.
1 해석에 약간의 이해를 나타내는 적절한 진술이 포함되어 있지만 불완전하거나 정확하지 않다.	1 관련된 개념을 제한적으로 이해한다.
0 해석을 하지 못하거나 해석을 하더라도 틀리거나 부적절하다.	0 관련된 개념을 약간 이해하거나 전혀 이해하지 못한다.

[그림 3.1] 통계 개념에 대한 학생들의 이해를 0~3점 척도의 4수준으로 평가하는 두 가지 채점기준표

개념적 이해를 다루는 질문에 대한 학생의 응답을 채점기준표에 따라 분류하는 방법을 알아보기 위해 앞서 언급한 질문 4의 c 문항을 다시 살펴보자.

c. 경기장의 조명 전구를 교체하는 것은 어려운 일이며 특별한 장비가 필요하다. 이런 이유로 학교는 개별 전구가 수명을 다했을 때마다 교체하기보다는 한 개의 전구가 수명을 다하면 곧바로 모든 전구를 교체하고자 한다. 새로운 상표의 전구와 현재 사용하고 있는 상표의 전구에 대한 평균 수명은 2,000시간이며 두 상표의 비용은 동일하다. 현재 사용하고 있는 상표의 전구와 새로운 상표의 전구 중 어느 것을 학교에 추천하겠습니까? 그 이유를 설명하시오.

이 질문에 답하기 위해서는 변이성에 대한 개념적 이해가

필요하다. [생각해보기 3.5]에서는 학생들의 응답을 평가하는 것에 대해 탐구한다.

생각해보기 3.5

개념적 이해를 다루는 질문에 대한 채점기준표(그림 3.1 참조)를 사용하여 교사는 다음과 같은 학생 응답에 0점을 주었다.

나는 학교에서 사용할 두 상표의 전구에 차이가 있다고 생각하지 않는다. 전구의 평균 수명은 두 상표 모두 동일하므로 학교에서는 현재 사용하고 있는 전구를 그대로 사용해도 된다. 새로운 상표의 전구로 변경할 이유가 없다.

교사는 이 응답에 왜 0점을 주었다고 생각합니까?

교사는 [생각해보기 3.5]에서 학생의 응답에 0점을 주었다. 그 이유는 어떤 상표를 추천할 것인지 결정할 때 변이성이 차지하는 역할을 인식하지 못했기 때문이다. 학생의 응답에서 변이성에 대한 어떠한 이해도 나타나지 않았다. [생각해보기 3.6]에서는 다른 학생의 응답을 제시하고 있다.

생각해보기 3.6

교사는 다음과 같은 학생의 응답에 1점을 주었다.

두 상표 전구의 평균 수명은 같지만 현재 사용 중인 상표의 전구 수명에 대한 표준편차가 더 크기 때문에 새로운 상표의 전구보다 현재 사용하고 있는 상표의 전구 수명이 더 길다. 따라서 현재 사용하고 있는 상표의 전구를 그대로 유지해야 한다.

이 응답이 [생각해보기 3.5]의 응답보다 더 좋은 점수를 받은 이유가 무엇입니까?

[생각해보기 3.6]의 응답은 표준편차의 차이를 고려하고 있지만, 새 상표로 바꾸지 않도록 한 권고는 *제기된 질문의 맥락에 비추어* 학생이 표준편차를 어떻게 해석해야 하는지 이해하

지 못하고 있음을 보여준다. 결과적으로 이 응답은 학생이 변이성을 설명하기 위해 표준편차를 사용하고 있지만 변이성에 대해 제한적으로 이해하고 있음을 보여준다. [생각해보기 3.7]은 고려해야 할 또 다른 학생의 응답을 제시하고 있다.

생각해보기 3.7

다음과 같은 학생의 응답에 몇 점을 주겠습니까?

새로운 상표의 전구에 대한 표준편차는 현재 사용하고 있는 상표의 전구에 대한 표준편차보다 작다. 새로운 상표의 전구 수명은 변이성이 작기 때문에 새로운 상표의 각 전구 수명은 좀 더 비슷한 경향을 가지고 있다. 따라서 새로운 상표의 전구로 교체해야 한다.

어떤 교사는 [생각해보기 3.7]의 응답에 2점을 줄 수 있다. 이 학생은 변이성이 작은 것이 새로운 상표의 전구에 대한 평균 수명이 현재 사용하고 있는 상표의 전구에 대한 평균 수명보다 크거나 같을 때 이득이 될 수 있음을 설명하지 못하였지만 변이성이 작은 것이 좋다는 것은 알고 있다. 또한 이 학생은 주어진 질문의 맥락에서 변이성이 작은 것이 왜 좋은지를 명확하게 설명하지 못하고 있다. 이 응답을 [그림 3.2]의 좀 더 완전한 응답과 비교해 보자. 이 응답은 3점을 받을 것이다. 물론, 학생들이 이와 같이 답하기 위해서는 아주 많은 연습이 필요하다.

3점을 받는 응답

새로운 상표의 전구 수명은 변이성이 작기 때문에 새로운 상표의 전구 각각은 수명이 더 비슷한 경향을 가지고 있다. 현재 사용하고 있는 상표와 새로운 상표의 전구 모두 평균 수명이 2000시간이다. 현재 사용하고 있는 상표의 전구가 좀 더 큰 변이성을 가지기 때문에, 첫 번째로 수명을 다한 전구는 2000시간보다 조금 더 빨리 나타날 것이다. 새로운 상표의 전구 경우에는 수명이 2000시간 주변에서 조밀하게 몰려있기 때문에 첫 번째로 수명을 다한 전구는 거의 2000시간 근처에서 나타날 것이다. 따라서 현재 사용하고 있는 상표의 모든 전구는 새로운 상표의 전구와 비교했을 때 좀 더 빨리 교체될 것이다. 새로운 상표의 전구로 교체하면 비용이 절감될 것이다.

[그림 3.2] 4수준 채점기준표(0점에서 3점까지)에서 3점을 받은 학생의 응답

학생들에게 의미있는 피드백을 제공할 때, 어떻게 하면 학생들이 좀 더 깊이 있게 이해하고 그들의 사고를 명확하게 표현할 수 있도록 도울 수 있을지, 즉 학생들이 "높은 점수를 받도록" 도울 수 있을지 생각하는 것은 유용하다. [생각해보기 3.8]은 이러한 유용성을 염두에 두고 [생각해보기 3.5], [생각해보기 3.6], [생각해보기 3.7]에 나타난 응답을 다시 논의할 수 있는 기회를 제공한다.

생각해보기 3.8

생각해보기 3.5, 3.6, 3.7에 나타난 학생의 응답을 고려해 보자. 각각의 경우에서 학생이 더 높은 점수를 받도록 하기 위해 어떤 피드백을 줄 수 있습니까?

0점과 1점을 받은 학생은 변이성의 역할을 충분히 인식하지 못하고 있다. 따라서 다음과 같은 피드백을 제공할 수 있다.

평균 수명이 같은 두 전구의 수명 시간에 대한 자료 집합을 살펴보자.
(단위: 시간)

새로운 상표의 전구

1998 1999 2000 2001 2002

현재 사용하고 있는 상표의 전구

1980 1990 2000 2010 2020

두 자료 집합은 어떻게 다릅니까? 새로운 상표의 전구는 전구 5개를 모두 교체해야 하는 때가 언제입니까? 현재 사용하고 있는 상표의 전구는 전구 5개를 모두 교체해야 하는 때가 언제입니까? 전구 교체와 관련된 질문에 대한 응답을 재검토하는데 이상의 질문에 대한 응답을 어떻게 사용할 수 있습니까?

이 피드백은 학생들이 어떤 제품을 선택하는 것이 좋을지 살펴보는 맥락에서 변이성의 역할에 대해 더 많은 통찰력을 가질 수 있도록 도와준다. 이로써 학생들은 이 질문에 대해 더

욱 향상된 응답을 작성할 수 있으며, 앞으로 마주하게 될 비슷한 질문에도 그렇게 응답할 것이다.

2점을 받은 학생은 변이성의 개념과 주어진 질문의 맥락에서 상표 선택과의 관계를 대체로 이해하고 있는 듯하다. 그러나 이 학생은 자신의 응답 뒤에 숨어있는 추론을 명확하게 설명할 필요가 있다. 이 학생을 돕기 위해 앞에서 제시한 것과 같은 피드백, 즉 설명하기에 도전할 수 있는 두 개의 가상 자료 집단을 제공하는 방법을 사용할 수 있다. 예를 들어 다음과 같은 두 개의 전구 수명(시간) 자료 집합을 제시해 보자.

- 새로운 상표의 전구:
  1900 1901 1902 1903 1904
- 현재 사용하고 있는 상표의 전구:
  1980 1990 2000 2010 2020

이 두 자료 집합을 살펴보면, 변이성이 작다는 것만으로는 응답이 충분하지 않다. 평균 수명과 비용이 동일하다는 사실을 부각시키는 것이 필요하다.

04 자료 분석 과정의 평가

중학교와 고등학교에서 통계 교육과정의 목표 중 하나는 학생들이 자료 분석을 네 가지 필수 단계로 구성된 하나의 과정으로 이해하도록 하는 것이다.

1. 자료의 수집, 분석 및 해석을 통해 답할 수 있는 문제 설정하기
2. 자료수집을 위해 세심한 계획 세우기
3. 수집한 자료를 분석하기 위해 그래프 및 수치적 통계 방법 사용하기
4. 결과를 해석하고 의사소통하기

통계적 문제해결 과정은 중학교 교육과정에서 처음 소개되며, 9~11학년의 각 단계를 통해 더욱 깊이 있게 다루어진다. 학생들은 11학년에 도달할 때까지 통계적 문제해결 과정을 하나의 전체로 이해할 수 있어야 한다. 통계적 문제해결 과정에 대한 학생들의 이해를 신장시키고 평가하는 한 가지 방법은 개인 및 그룹 프로젝트를 사용하는 것이다. 통계 프로젝트를 실시하고 평가하는데 유용한 자료는 웹을 통해 구할 수 있다. 예를 들어, 통계 프로젝트에 대해 자세히 알고 싶으면 https://apps3.cehd.umn.edu/artist/projects.html를 참조할 수 있다. 또한 매년 미국통계협회는 K~12학년 학생들을 대상으로 통계 포스터 및 프로젝트 대회를 주최하고 있다. 우수한 통계 포스터를 만들거나 프로젝트를 수행하기 위한 정보 및 프로젝트 예시 자료를 대회 웹 사이트(http://www.amstat.org/education/posterprojects/index.cfm)에서 검색할 수 있다. 이 사이트는 프로젝트와 통계 포스터 평가에 유용한 채점기준표 사례를 제공하고 있다.

05 결론

이 장에서는 좋은 통계 질문의 특징과 좋은 통계 질문에 대한 학생 응답을 교사가 어떻게 평가할 것인가에 대한 권고를 살펴보았다. 1장에서 제시한 핵심 아이디어와 필수 이해를 알고 2장에서 논의한 통계적 추론 발달에 대해 이해한 교사는 이러한 권고를 행동으로 옮길 준비가 되었다고 볼 수 있다. 통계를 처음으로 가르치는 교사의 경우, 이 모든 아이디어를 받아들이고 행동으로 옮기는 작업이 처음에는 매우 어려워 보이지만, 학생들이 좋은 통계 질문에 응답하는 능력이 향상되듯이 이러한 교사의 작업도 경험이 보태짐으로써 점차 수월해질 것이다.

부 록

01 통계 용어 해설

more4U
이 용어집은 인쇄 가능한 전자양식으로도 제공된다.
(www.nctm.org/more4u)

- **경향(trend):** 두 수치적 변수 사이에서 관찰되는 증가 또는 감소와 같은 체계적인 패턴.
- **관찰연구(observational study):** 연구자가 표본의 특징을 관찰하여 모집단에 대해 추리하는 연구.
- **귀무가설(null hypothesis):** 가설검정에서 처음에 참이라고 가정되는 가설로서 H_0으로 표시된다.(대립가설 참조)
- **근사표집분포(approximate sampling distribution):** 모집단에서 선택한 주어진 크기의 여러 무작위 표본의 표본통계량(예를 들어, 표본평균) 값에 대한 분포. 통계량의 값이 표본마다 어떻게 달라지는지를 살펴보기 위해 표집과정을 시뮬레이션 하여 만든다는 점에서 근사표집분포는 표집분포와 다르다.
- **난수표(random number table):** 0에서 9까지의 숫자가 같은 확률로 나오도록 무작위로 배열된 수표. 무작위 추출 또는 무작위 할당을 용이하게 하기 위해 사용한다.
- **단순무작위표본(simple random sample):** 같은 크기의 모든 표본이 선택될 확률이 동일하도록 구성된 모집단의 부분집합. 무작위로 개체를 선택하여 구성한다.
- **대립가설(alternative hypothesis):** 가설검정에서 귀무가설에 대립되는 가설로서 H_a로 표기하며 *연구가설*이라고도 한다. 대립가설은 관심 있는 통계 질문에 의해 결정된다.(귀무가설 참조)
- **모수(parameter):** 평균이나 표준편차와 같이 모집단의 특

징을 설명하는 값.

- **모집단(population):** 조사하고자 하는 대상이나 값의 전체 집합.
- **모집단분포(population distribution):** 전체 모집단의 변수 값에 대한 분포로 개체 간의 변이성을 기술한다. 대부분의 실제 상황에서 모집단분포는 알려져 있지 않다.
- **모표준편차(population standard deviation):** 모집단의 모든 값을 알고 있을 때 평균으로부터의 편차에 대한 측도. 주로 σ로 나타내며 다음 식을 사용해 계산한다.

$$\sigma = \sqrt{\frac{\sum (x-\mu)^2}{n}}.$$

- **무작위 추출(random selection):** 모집단의 모든 개체들이 선택될 가능성이 같음을 보장하는 우연 메커니즘을 이용하여 표본의 각 개체를 선택하는 과정.
- **무작위 표본(random sample):** 우연 메커니즘을 이용하여 모집단에서 추출한 개체로 구성된 표본. 이 용어는 종종 **단순무작위표본**을 지칭하기 위해 사용한다.
- **무작위 할당(random assignment):** 우연 메커니즘을 이용하여 개체를 실험군에 배정하는 과정.
- **범주형 변수(categorical variable):** 성별 또는 소속 정당과 같이 가능한 값이 수가 아닌 변수.
- **비편향추정량(unbiased estimator):** 평균적으로 모수의 값과 동일한 통계량.
- **사분위 범위(interquartile range):** 자료 집단의 값 중에서 25번째와 75번째에 있는 백분위 수 사이의 거리로, 자료의 변이성을 측정하는데 사용한다.

- **수치형 변수(numerical variable):** 관찰한 값이 수인 변수.
- **시뮬레이션(simulation):** 상황을 정확하게 반영하는 메커니즘을 사용하여 무작위 현상이 동일하게 일어나도록 만들어진 실험.
- **신뢰구간(confidence interval):** 모집단의 모수에 대해 타당한 것으로 간주되는 값의 범위. 추정량의 변이성 측도(표준오차)를 고려하여 계산된다.
- **신뢰수준(confidence level):** 예측하는 신뢰구간에 모수가 포함될 확률을 정량화하는 백분율. 따라서 신뢰수준은 구간 추정에 사용되는 방법과 관련된다.
- **오차 범위(margin of error):** 예측의 최대 오류 가능 범위. 즉, 사전에 결정된 신뢰수준에서 표본 통계량 값과 모수의 참값 사이에 차이가 가장 큰 범위.
- **유의수준(significance level):** 귀무가설이 참일 때 귀무가설을 기각할 조건부 확률. 유의수준의 값은 가설검정을 수행하기 전에 결정되며 0.05, 0.10, 0.01 등이 일반적으로 선택된다.
- **이변량 자료(bivariate data):** 각 개체에 대해 두 개의 응답이 관찰되는 자료. 예를 들어, 나무에 대한 지름과 높이, 사람에 대한 팔 길이와 신장 등.
- **일변량 자료(univariate data):** 사람의 신장과 같이 한 개의 특징을 가진 관측 자료.
- **정규분포(normal distribution):** 연속변수에 대해 다음과 같이 특수한 종 모양 형태를 갖는 대칭 분포(그림 참조).

정규분포는 중심을 나타내는 평균과 평균에 대한 퍼짐 정도를 나타내는 측도인 표준편차로 기술된다.

- **정밀도(precision):** 통계량의 표본 간 변이성에 대한 측도. 일반적으로 표준오차로 기술된다.

- **조건부 확률(conditional probability):** 다른 사건이 일어났다는 *조건하에서* 일어나는 사건의 확률.

- **중앙값(median):** 표본 자료의 경우, 50%의 큰 자료값과 50%의 작은 값을 구분하는 값으로 분포의 중심에 대한 측도로 사용된다.

- **중첩요인(confounding factor):** 중첩변수(confounding variable) 라고도 함. 실험 또는 관찰 연구에서 관심의 대상인 주요 독립변수와 종속변수 모두에 관련되는 변수. 중첩요인은 처치 그룹 간에 발생한 차이에 대해 다른 관점의 설명을 제공하며 인과 관계를 끌어내는 능력을 제한한다.

- **지수분포(exponential distribution):** 연속변수에 대해 다음과 같이 특수한 형태를 갖는 비대칭 분포(그림 참조).

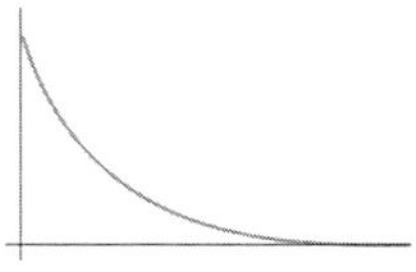

- **처치(treatment):** 실험에서 효과를 알아보기 위해 대상에게 부과한 조건. 실험자는 무작위로 처치를 할당하여 반응변수에서 나타나는 효과에 차이가 있는지 여부를 평가한다.

- **추정량(estimator):** 모집단의 모수를 추정하는데 사용되는 통계량.

- **층화무작위표본(stratified random sample):** 추가 정보를 사용하여 모집단을 '층'이라고 불리는 상호 배타적 하위 집단으로 나누고, 각 층에서 단순무작위추출을 통해 구성한 표본.
- **통계량(statistic):** 평균 또는 표준편차와 같이 표본 자료로부터 계산된 수치적 측도.
- **통계적 추리(statistics inference):** 표본 자료를 기반으로 모집단에 대한 결론을 이끌어내는 통계학의 한 분야.
- **통제실험(controlled experiment):** 연구자가 연구대상에 대해 처치 또는 경험을 부과하는 실험.
- **편향(bias):** 모수의 추정값과 그 모수의 참값 사이에서 나타나는 구조적 차이. 편향은 잘못된 표본 설계 때문에 나타날 수 있다(예를 들어, 모집단의 특정 부분이 표본으로 추출되는 경우). 또한 추정량의 표집분포에 대한 평균이 모수의 참값과 다른 경우에 편향은 추정량의 결과가 될 수 있다.
- **평균(mean):** 표본 자료의 경우 산술평균(자료값들의 합을 자료의 개수로 나눈 값)을 분포의 중심에 대한 측도로 사용한다. 분포의 "균형점"으로 해석되는 평균은 표본 또는 모집단의 "대표적인" 값을 나타내는 데 사용된다.
- **평균으로부터의 편차(deviation from the mean):** 평균과 특정한 자료값과의 차이를 의미하며 $x_i - \bar{x}$로 계산한다.
- **표본(sample):** 연구를 위해 선택된 모집단의 부분집합.
- **표본변이성(sample variability):** 무작위 추출 과정에서 나타나는 표본 간의 변이.
- **표본분포(sample distribution):** 모집단에서 선택한 표본

의 변수 값에 대한 분포로 표본 내의 개체 간 변이성을 기술한다.

- **표본표준편차(sample standard deviation):** 표본의 모든 자료값에 대해 평균으로부터의 편차를 나타내는 측도. 주로 s로 나타내며 다음 식을 사용해 계산한다.

$$s = \sqrt{\frac{\sum (x - \overline{x})^2}{n-1}}\ .$$

- **표준오차(standard error):** 통계량의 표본 간 변이성에 대한 측도. 통계량의 표집분포에 대한 표준편차.

- **표준편차(standard deviation):** 평균으로부터의 편차를 활용하여 변이성을 나타내는 측도.

- **표집분포(sampling distribution):** 정해진 크기로 모집단에서 선택할 수 있는 모든 가능한 표본의 표본 통계량(예를 들어, 표본평균) 값에 대한 분포. 표집분포는 통계량의 값이 표본마다 어떻게 다른지 기술한다.

- **p값(p-value):** 귀무가설이 참이라고 할 때, 표본에서 관찰된 자료보다 더 극단적인 자료를 얻을 확률.

02 교사를 위한 자료

다음 자료는 고등학교 수학 및 통계 수업에서 직접 활용할 수 있는 활동이나 통계 절차 및 개념에 대한 이해를 높이기 위한 보충 자료를 개발하는데 참고할 수 있도록 선정된 것이다. 일반 자료는 바로 다음에 제시되어 있으며, 수학과 공통 핵심 규준에 기반을 둔 대수 1, 기하, 대수 2의 과목과 관련된 자료는 그 다음에 제시되어 있다. 아래에 명시된 특정 과정의 자료 중 일부는 "일반 자료"라고 불리는 반면 다른 자료는 특정 도서나 학회지의 논문에서 발췌한 것이다.

more4U

이 자료의 목록은 (www.nctm.org/more4u)에서 인쇄용 전자양식으로도 제공된다.

일반 자료: 교과서, 학회지의 논문 및 교수학습용 도서

Agresti, Alan, and Christine Franklin. *Statistics: The Art and Science of Learning from Data*. 2nd ed. Upper Saddle River, N.J.: Pearson, 2009.

Beseler, Susan. "The Three-Point Shoot-Out: The Logic of Hypothesis Testing." *Mathematics Teacher* 99 (April 2006): 582–87.

Bock, David E., Paul F. Velleman, and Richard D. De Veaux. *Stats: Modeling the World*. 3rd ed. Boston: Pearson, 2010.

Bright, George W., Wallece Brewer, Kay McClain, and Edward S. Mooney. *Navigating through Data Analysis in Grades 6–8. Principles and Standards for School Mathematics* Navigations Series. Reston, Va.: National Council of Teachers of Mathematics, 2003.

Bright, George W., Dargan Frierson Jr., James E. Tarr, and Cynthia Thomas. *Navigating through Probability in Grades 6–8. Principles and Standards for School Mathematics* Navigations Series. Reston, Va.: National Council of Teachers of Mathematics, 2003.

Burrill, Gail F., and Portia C. Elliott, eds. *Thinking and Reasoning with Data and Chance*. Sixty-eighth Yearbook of the National Council of Teachers of Mathematics (NCTM). Reston, Va.:NCTM, 2006.

Burrill, Gail, Christine A. Franklin, Landy Godbold, and Linda J. Young. *Navigating through Data Analysis in Grades 9–12. Principles and Standards for School Mathematics* Navigations Series. Reston, Va.: National Council of Teachers of Mathematics, 2003.

Cobb, George W., and David S. Moore. "Mathematics, Statistics, and Teaching." *American Mathematical Monthly* 104 (November 1997): 801–23.

Devlin, Thomas F. "Why Aren't They Called Probability Intervals?" *Mathematics Teacher* 101 (May 2008): 647–51.

Franklin, Christine, Gary Kader, Denise Mewborn, Jerry Moreno, Roxy Peck, Mike Perry, and Richard Scheaffer. *Guidelines for Assessment and Instruction in Statistics Education (GAISE) Report: A Pre-K–12 Curriculum Framework*. Alexandria, Va.: American Statistical Association, 2007.

Gelman, Andrew, and Deborah Nolan. *Teaching Statistics: A Bag of Tricks*. New York: Oxford University Press, 2002.

Gould, Robert, and Colleen Ryan. *Introductory Statistics: Exploring the World through Data*. Boston: Pearson, 2012.

Kader, Gary, and Tim Jacobbe. *Developing Essential Understanding of Statistics for Teaching Mathematics in Grades 6–8*. Essential Understanding Series. Reston, Va.: NCTM, 2013.

Peck, Roxy, George Casella, George Cobb, Roger Hoerl, Deborah Nolan, Robert Starbuck, and Hal Stern. *Statistics: A Guide to the Unknown*. 4th ed. Boston: Cengage Learning, in partnership with the American Statistical Association, 2006.

Peck, Roxy, Chris Olsen, and Jay L. Devore. *Introduction to Statistics and Data Analysis*. 4th ed. Boston: Cengage Learning, 2012.

Peck, Roxy, and Daren Starnes. *Making Sense of Statistical Studies.* Alexandria, Va.: American Statistical Association, 2009.

Peters, Susan A. "Engaging with the Art and Science of Statistics." *Mathematics Teacher* 103 (March 2010): 496–503.

Rossman, Allan J., Beth L. Chance, and J. Barr von Oehsen. *Workshop Statistics: Discovery with Data and the Graphing* Calculator. 3rd ed. Indianapolis: John Wiley & Sons, 2008.

Salsburg, David. *The Lady Tasting Tea: How Statistics Revolutionized Science in the Twentieth Century*. New York: W.H. Freeman, 2001.

Scheaffer, Richard L., Ann Watkins, Jeffrey Witmer, and Mrudulla Gnanadesikan. *Activity-Based Statistics*. 2nd ed., revised by Tim Erickson. Indianapolis: John Wiley & Sons, 2004.

Shaughnessy, J. Michael, Gloria Barrett, Rick Billstein, Henry A. Kranendonk, and Roxy Peck. *Navigating through Probability in Grades 9–12. Principles and Standards for School Mathematics* Navigations Series. Reston, Va.: National Council of Teachers of Mathematics, 2004.

Shaughnessy, J. Michael, and Beth Chance. *Statistical Questions from the Classroom*. Reston, Va.: National Council of Teachers of Mathematics, 2005.

Shaughnessy, J. Michael, Beth Chance, and Henry Kranendonk. *Focus in High School Mathematics: Reasoning and Sense Making in Statistics and Probability*. Reston, Va: National Council of Teachers of Mathematics, 2009.

Starnes, Daren S., Daniel S. Yates, and David S. Moore. *The Practice of Statistics*. 4th ed. New York: W.H. Freeman, 2012.

Vickers, Andrew. *What Is a p-Value Anyway? 34 Stories to Help You Actually Understand Statistics*. Boston: Pearson, 2010.

Watkins, Ann E., Richard L. Scheaffer, and George W. Cobb.

Statistics in Action: Understanding a World of Data. 2nd ed. Emeryville, Calif.: Key Curriculum Press, 2008.

온라인 자료

American Statistical Association. *Journal of Statistics Education*. http://amstat.org/publications/jse

American Statistical Association. Webinars. http://amstat.org /education/webinars/index.cfm

Consortium for the Advancement of Undergraduate Statistics Education. Webinars. http://www.causeweb.org/webinar

Consortium for the Advancement of Undergraduate Statistics Education. Chance News. http://www.causeweb.org/wiki/chance/index.php/Main_Page

International Statistics Literacy Project. http://www.stat.auckland.ac.nz/~iase/islp/priteach

National Council of Teachers of Mathematics. Illuminations. http://illuminations.nctm.org/WebResourceList.aspx?Ref=2&Std=4&Grd=0

North Carolina School of Science and Mathematics. Statistics Institutes. http://www.ncssm.edu/courses/math/Stat_Inst/links_to_all_stats_institutes.htm

Statistics Education Web. http://amstat.org/education/stew/index.cfm

Statistics Teacher Network. http://amstat.org/education/stn

과목별 자료: 대수 1 자료

Bohan, Jim. "Using Regression to Connect Algebra to the Real World." In *Thinking and Reasoning with Data and Chance*, Sixty-eighth Yearbook of the National Council of Teachers of Mathematics (NCTM), edited by Gail F. Burrill, pp. 195–208. Reston, Va.: NCTM, 2006.

Bright, George W., Wallece Brewer, Kay McClain, and Edward S. Mooney. *Navigating through Data Analysis in Grades 6–8. Principles and Standards for School Mathematics* Navigations Series. Reston, Va.: National Council of Teachers of Mathematics, 2003.

Burke, Maurice J., and Ted R. Hodgson. "Using Technology to Optimize and Generalize: The Least-Squares Line." *Mathematics Teacher* 101 (September 2007): 102–7.

Canada, Daniel L. "The Known Mix: A Taste of Variation." *Mathematics Teacher* 102 (November 2008): 286–91.

Erickson, Tim. "A Pretty Good Fit." *Mathematics Teacher* 102

(November 2008): 256–62.

Kader, Gary D., and Christine A. Franklin. "The Evolution of Pearson's Correlation Coefficient." *Mathematics Teacher* 102 (November 2008): 292–99.

Shaughnessy, J. Michael, and Maxine Pfannkuch. "How Faithful Is Old Faithful? Statistical Thinking: A Story of Variation and Prediction." *Mathematics Teacher* 95 (April 2002): 252–59.

Wilson, David C. "The Median-Median Line." *Mathematics Teacher* 104 (November 2010): 262–67.

기하 자료

Albert, Jim. "Interpreting Probabilities and Teaching the Subjective Viewpoint." In *Thinking and Reasoning with Data and Chance*, Sixty-eighth Yearbook of the National Council of Teachers of Mathematics (NCTM), edited by Gail F. Burrill, pp. 417–33. Reston, Va.: NCTM, 2006.

Bright, George W., Wallece Brewer, Kay McClain, and Edward S. Mooney. *Navigating through Data Analysis in Grades 6–8. Principles and Standards for School Mathematics* Navigations Series. Reston, Va.: National Council of Teachers of Mathematics, 2003.

Danielson, Christopher, and Eric Jenson. "Probability in Practice: The Case of Turkey Bingo." *Mathematics Teacher* 102 (November 2008): 248–54.

Rubel, Laurie H. "Students' Probabilistic Thinking Revealed: The Case of Coin Tosses." In *Thinking and Reasoning with Data and Chance*, Sixty-eighth Yearbook of the National Council of Teachers of Mathematics (NCTM), edited by Gail F. Burrill, pp. 49–59. Reston, Va.: NCTM, 2006.

Scheaffer, Richard L., Ann Watkins, Jeffrey Witmer, and Mrudulla Gnanadesikan. *Activity-Based Statistics*. 2nd ed., revised by Tim Erickson. Indianapolis: John Wiley & Sons, 2004. (Specifically, see the activities "What Is Random Behavior,"
"What's the Chance?" and "Dueling Dice.")

Shaughnessy, J. Michael, Gloria Barrett, Rick Billstein, Henry A. Kranendonk, and Roxy Peck. *Navigating through Probability in Grades 9–12. Principles and Standards for School Mathematics* Navigations Series. Reston, Va.: National Council of Teachers of Mathematics, 2004.

대수 2 자료

Burrill, Gail, Christine A. Franklin, Landy Godbold, and Linda J. Young. *Navigating through Data Analysis in Grades 9–12. Principles and Standards for School Mathematics* Navigations

Series. Reston, Va.: National Council of Teachers of Mathematics, 2003.

Koban, Lori, and Erin McNeils. "Fantasy Baseball with a Statistical Twist." *Mathematics Teacher* 102 (November 2008): 264–71.

Peck, Roxy, and Daren Starnes. *Making Sense of Statistical Studies*. Alexandria, Va.: American Statistical Association, 2009.

Scheaffer, Richard L., Ann Watkins, Jeffrey Witmer, and Mrudulla Gnanadesikan. *Activity-Based Statistics*. 2nd ed., revised by Tim Erickson. Indianapolis: John Wiley & Sons, 2004. (Specifically, see the activities "Random Rectangles," "Streaky Behavior," "Spinning Pennies," and "How Accurate Are the Polls?")

Tarr, James E., Hollylynne Stohl Lee, and Robin L. Rider. "When Data and Chance Collide: Drawing Inferences from Empirical Data." In *Thinking and Reasoning with Data and Chance*, Sixty-eighth Yearbook of the National Council of Teachers of Mathematics (NCTM), edited by Gail F. Burrill, pp. 139–49. Reston, Va.: NCTM, 2006.

Teague, Daniel J. "Experimental Design: Learning to Manage Variability." In *Thinking and Reasoning with Data and Chance*, Sixty-eighth Yearbook of the National Council of Teachers of Mathematics (NCTM), edited by Gail F. Burrill, pp. 151–69. Reston, Va.: NCTM, 2006.

참고문헌

Ben-Zvi, Dani, and Abraham Arcavi. "Junior High School Students' Construction of Global Views of Data and Data Representations." *Educational Studies in Mathematics* 45 (January 2001): 35–65.

Box, George, William Hunter, and J. Stuart Hunter. *Statistics for Experimenters: Design, Innovation, and Discovery*. 2nd ed. Hoboken, N.J.: Wiley-Interscience, 2005.

CBS News. "Duct Tape Therapy." *Healthwatch*. February 11, 2009. http://www.cbsnews.com/stories/2002/10/14/health/main525523.shtml.

Chance, Beth, Robert delMas, and Joan Garfield. "Reasoning about Sampling Distributions." In *The Challenge of Developing Statistical Literacy*, edited by Dani Ben-Zvi and Joan Garfield, pp. 295–323. New York: Springer, 2004.

Common Core State Standards Initiative (CCSSI). *Common Core State Standards for Mathematics. Common Core State Standards* (*College- and Career-Readiness Standards and K–12 Standards in English Language Arts and Math*). Washington, D.C.: National Governors Association Center for Best Practices and the Council of Chief State School Officers, 2010. http:// www.corestandards.org.

delMas, Robert, and Yan Liu. "Exploring Students' Conceptions of the Standard Deviation." *Statistics Education Research Journal* 4 (May 2005): 55–82.

Derry, Sharon, Joel Levin, Helen Osana, Melanie Jones, and Michael Peterson. "Fostering Students' Statistical and Scientific Thinking: Lessons Learned from an Innovative College Course." *American Educational Research Journal* 37 (Fall 2000): 747–73.

Devore, Jay. *Probability and Statistics for Engineering and the Sciences*. 8th ed. Boston: Cengage Learning, 2012.

Diaconis, Persi. "Magical Thinking in the Analysis of Scientific Data." *Annals of the New York Academy of Sciences* 364 (June 1981): 236–44.

Dumanovsky, Tamara, Cathy Nonas, Christina Huang, Lynn Silver, and Mary Bassett. "What People Buy from Fast-Food Restaurants: Caloric Content and Menu Item Selection, New York City 2007." *Obesity* 17 (July 2009): 1369–74.

El-Hassan, H., K. McKeown, and F. A. Muller. "Clinical Trial: Music Reduces Anxiety Levels in Patients Attending for Endoscopy." *Alimentary Pharmacology & Therapy* 30 (October 2009): 718–24.

Franklin, Christine, Gary Kader, Denise Mewborn, Jerry Moreno, Roxy Peck, Mike Perry, and Richard Scheaffer. *Guidelines for Assessment and Instruction in Statistics Education (GAISE Report)*: *A Pre-K–12 Curriculum Framework*. Alexandria, Va.: American Statistical Association, 2007. http://www.amstat.org /education/gaise.

Freedman, David, Robert Pisani, and Roger Purves. *Statistics*. 4th ed. New York: W.W. Norton & Company, 2007.

Garfield, Joan. "The Challenge of Developing Statistical Reasoning." *Journal of Statistics Education* 10 (November 2002). http://www.amstat.org/publications/jse/v10n3/garfield.html.

Hancock, Chris, James Kaput, and Lynn Goldsmith. "Authentic Inquiry with Data: Critical Barriers to Classroom Implementation." *Educational Psychologist* 27, no. 3 (1992): 337–64.

Kader, Gary, and Tim Jacobbe. *Developing Essential Understanding of Statistics for Teaching Mathematics in Grades 6–8*. Essential Understanding Series. Reston, Va.: National Council of Teachers of Mathematics, 2013.

Lee, Wesley, Mamtha Balasubramaniam, Russell L. Deter, Sonia S. Hassan, Francesca Gotsch, Juan Pedro Kusanovic, Luis Flavio Goncalves, and Roberto Romero. "Fetal Growth Parameters and Birth Weight: Their Relationship to Newborn Infant Body Composition." *Ultrasound in Obstetrics and Gynecology* 33 (April 2009): 441–46.

Lipson, Kay. "The Role of Computer Based Technology in Developing Understanding of the Concept of Sampling Distribution." In *Developing a Statistically Literate Society: Proceedings of the Sixth International Conference on Teaching Statistics*. 2002. http://www.stat.auckland.ac.nz/~iase /publications/1/6c1_lips.pdf.

Lohr, Sharon. *Sampling: Design and Analysis*. 2nd ed. Belmont, Calif.: Duxbury Press, 2009.

Makar, Katie, and Andee Rubin. "A Framework for Thinking about Informal Statistical Inference." *Statistics Education Research Journal* 8 (May 2009): 82–105.

National Council of Teachers of Mathematics (NCTM). *Curriculum and Evaluation Standards for School Mathematics*. Reston, Va.: NCTM, 1989.

———. *Principles and Standards for School Mathematics*. Reston, Va.: NCTM, 2000.

———. *Curriculum Focal Points for Prekindergarten through Grade 8 Mathematics: A Quest for Coherence*. Reston, Va.: NCTM, 2006.

———. *Focus in High School Mathematics: Reasoning and Sense Making*. Reston, Va.: NCTM, 2009.

Zieffler, Andrew, Joan Garfield, Robert DelMas, and Chris Reading. "A Framework to Support Research on Informal Inferential Reasoning." *Statistics Education Research Journal* 7 (November 2008): 40–58.

수학교사를 위한 지침서 11
통계의 필수 이해: 9-12학년

초판발행 2019년 5월 15일
초판2쇄발행 2022년 11월 25일

지은이 Patricia S. Wilson, Rose Mary Zbiek, Roxy Peck, Robert Gould, Stephen J. Miller
옮긴이 신보미 · 고은성 · 김은하
펴낸이 오판근
펴낸곳 (주) 교우
주 소 서울시 동대문구 약령시로 8 교우빌딩 2층 (주)교우
전 화 02-925-2861 / **팩 스** 02-925-2860, **편집부** 02-925-2825
홈페이지&북스토어 www.kyowoo.co.kr / **이메일** kyowoo@kyowoo.co.kr

등 록 1994년 3월 24일 제1994-000013호
ISBN 979-11-251-0291-5 (94410)

Published by Kyowoo Co., Ltd. Printed in Korea

값 13,000원

교우미디어는 (주) 교우의 Imprint 사입니다.
수학정원·과학정원은 (주) 교우의 새로운 브랜드명입니다.